Adil und Roswitha Beytorun

Aus türkischen Küchen

BLV Verlagsgesellschaft
München Wien Zürich

CIP-Kurztitelaufnahme der Deutschen Bibliothek

Beytorun, Adil:
Aus türkischen Küchen /
Adil u. Roswitha Beytorun. –
München; Wien; Zürich:
BLV Verlagsgesellschaft, 1986.
(BLV Idee & Praxis:
Essen und geniessen; 525/526)
ISBN 3-405-13205-3

NE: Beytorun, Roswitha:;
BLV Idee und Praxis /
Essen und geniessen

BLV Idee & Praxis
Essen und genießen 525/526

Fotos Seiten 8 und 100 Peter Hoffmann, alle anderen Roswitha Beytorun
Titelfotos: Studio Teubner, Füssen und Leonore Ander, München

Satz und Druck: Appl, Wemding
Bindung: R. Oldenbourg, München

Printed in Germany · ISBN 3-405-13205-3

Die Abbildungen der Rezepte wurden in der Türkei im Haushalt der Autoren selbst fotografiert, um einen landestypischen Gesamteindruck zu vermitteln.

Hinweise

- Wenn nicht anders angegeben, sind die Rezepte für 4 Personen berechnet.
- Der Saft von Zitrusfrüchten wird grundsätzlich frisch gepreßt.
- Grüne Zwiebeln sind Frühlingszwiebeln, das Grün wird mitverwendet.
- Joghurt siehe auch Seite 19.

Abkürzungen

EL	Eßlöffel
TL	Teelöffel
g	Gramm
kg	Kilogramm
l	Liter
dl	Deziliter

1 l = 10 dl

Inhalt

Rezepte – Reçeteler

Register

Zu diesem Buch

»Schatzkammer zwischen Orient und Okzident«, »Land aus 1001 Nacht«, aber auch »Türkengefahr« oder »Der kranke Mann am Bosporus« – das sind die Schlagworte, die sich bei Gedanken an die Türkei pauschal aufdrängen und die schon hier die ständigen Gegensätze in der Beurteilung der Türkei deutlich machen. Eine ausführliche Auseinandersetzung mit Vergangenheit, Gegenwart und Zukunft der Türkei sowie der Kultur der Türken ist ebenso spannend wie verlockend, würde aber sicher den Rahmen des vorliegenden Buches sprengen, das ja schließlich ein Kochbuch sein soll.

Differenzierte Vorstellungen über Lebensart schlechthin aber vermittelt die Türkei all denen, die bereit sind, sie zu entdecken. Und zu Lebensart und Lebensfreude gehört nun einmal auch das leibliche Wohl, das Essen, Trinken und Genießen – und hierin ist der Türke uneingeschränkter Meister. Nicht umsonst wird die türkische Küche neben der französischen und chinesischen als eine der Weltküchen eingestuft und werden die Türken als die Feinschmecker des Orients bezeichnet. Die unvergleichliche Kochkunst der Türken wiederum ist eng verknüpft mit der bewegten Vergangenheit ihres Landes und ihrer Grundeinstellung zum Leben überhaupt.

Stürzen Sie sich in das Abenteuer Türkei, versuchen Sie die Lebenskunst des Türken zu verstehen und lassen Sie sich mit diesem Kochbuch dazu verführen, original türkisch zu essen, zu trinken und zu genießen!

Afiyet olsun! Guten Appetit!

Adil und Roswitha Beytorun

Geschichtliches

Über Jahrtausende hinweg sind auf kleinasiatischem Boden, der »Wiege der Menschheit«, wie seriöse Wissenschaftler Kleinasien unangefochten bezeichnen, zahlreiche Kulturen entstanden und niedergegangen – Beispiele einer Entwicklung, die von den ersten landwirtschaftlichen Ansiedlungen Schritt für Schritt zu urbanen, hochentwickelten Lebensgesellschaften führten.
Auf ungefähr 10 000 v. Chr. sind die ersten seßhaften, Ackerbau und Viehzucht betreibenden Kulturen der Menschheit datiert und wurden in Anatolien mit den Ausgrabungen Çatal Hüyük (bei Konya) und Hacılar (bei Burdur) nachgewiesen. Çatal Hüyük gilt mit seinerzeit immerhin mindestens 6000 Einwohnern als größte Ansiedlung des Neolithikums und leitete die Entwicklung städtischer Lebensformen im vorderasiatischen Raum ein.
2000 v. Chr. drangen die auch heute noch zuwenig erforschten, vermutlich aus Südwestrußland kommenden Hethiter in das anatolische Hochland ein und unterwarfen zahlreiche Stadtstaaten der Hattier. Im Wettstreit mit den im Nahen Osten vorherrschenden Ägyptern entwickelten sie sich zu einem expansiven Großreich, das 1700–1300 v. Chr. seine Blütezeit erlebte und sich über nahezu das gesamte Gebiet der heutigen Türkei sowie weite Teile Syriens, des Irak und Rußlands erstreckte. 1650 v. Chr. plünderten und zerstörten die Hethiter Aleppo und Babylon und gründeten als Zeichen ihrer beinahe uneingeschränkten Vorherrschaft ihre gewaltige Hauptstadt Hattuša (Nähe Ankara), eine Stadt von der Größe des antiken Athen, die fast 500 Jahre lang administratives und religöses Zentrum hethitischen Lebens war. Doch war das schnell gewachsene Reich letztlich innenpolitisch zuwenig gefestigt, um seine Gebiete zusammenhalten zu können. Um 1200 v. Chr. drangen thrakische Stämme nach Kleinasien vor und zerbrachen das Reich. Einer dieser Stämme sind die Phryger. Sie verblieben in Mittelanatolien und sind uns durch ihre Hauptstadt Gordion und die Sage um ihren König Midas und den gordischen Knoten bekannt. Zu etwa gleicher Zeit begannen bereits die Griechen mit der Anlage von Kolonien an der kleinasiatischen West- und Südküste, während im Osten andere Reiche kamen und gingen, wie beispielsweise das der Urartäer im Gebiet um den Van See.
Etwa 680 v. Chr. wurde das bereits vorher durch die Kimmerier, einem Reitervolk aus dem Gebiet um das Schwarze Meer, geschwächte Reich der Phryger von den Lydern übernommen. Ihr Reichtum und Einfluß in der Zeit ihres Herrschers Kroisus (»Krösus«) wurde sprichwörtlich. 546 v. Chr. aber verlor Kroisus bereits sein Reich an die Perser, die bald ganz Kleinasien eroberten.
Wer hat nicht in der Schule gelernt: »Drei, drei, drei, bei Issos Keilerei«. Alexander der Große begründete den Hellenismus in Kleinasien, als er bei Issos, in der Nähe des heutigen Anta-

Ephesus

kya, 333 v. Chr. über den persischen Dareios I. seinen ersten großen Sieg errang und dem ursprünglich auf die Küstengebiete beschränkten Griechentum eine neue, mächtige Expansion eröffnete. Zentrum hellenistischer Kultur wurde die Stadt Pergamon (= Bergama, nördlich Izmir). Nach der Schlacht von Magnesia am Sipylos (bei Manisa) 190 v. Chr. verstärkte Rom seinen Einfluß in Kleinasien, der schließlich zur völligen Besitzergreifung als römische Provinz führte. Die Pax Romana verhalf dem Land zu einer beispiellosen wirtschaftlichen und kulturellen Blüte, deren bedeutendste Stadt Ephesus (südlich Izmir) wurde.
Mit den Missionsreisen des Apostels Paulus begann das Christentum in Kleinasien Fuß zu fassen. Doch nicht nur die alten Götter stürzten, auch das römische Imperium zerfiel unter dem Ansturm nördlicher Barbarenstämme. Konstantin I. rettete aus den Trümmern das neue oströmische Reich, dessen Hauptstadt 324 n. Chr. Konstantinopel wurde, später umbenannt in Byzanz (das heutige Istanbul). Das Christentum und der byzantinische Militärstaat beherrschten Kleinasien in den nächsten Jahrhunderten.
Die eigentliche Geschichte der Türken beginnt 1071 n. Chr., als die Seldschuken das byzantinische Heer schlugen und ca. 1300 n. Chr. nach glückloser Herrschaft von den Osmanen abgelöst wurden. Sowohl Seldschuken als auch Osmanen gehören zu der großen, ethnisch schwer abgrenzbaren Gruppe turkmenischer Nomadenvölker, deren ursprüngliche Heimat die zentralasiatische Steppe war. Sie sind die direkten Vorfahren der Türken.

Ab 1300 n. Chr. erblühte die osmanische Dynastie zu ihrer vollen Stärke. 1453 eroberte Sultan Mehmet II. Byzanz und erklärte die Stadt, nun in Istanbul umbenannt, zur Hauptstadt eines Weltreiches, das sich alsbald von Algier bis zum Persischen Golf und von der Steiermark bis nach Ägypten erstreckte. Unter Sultan Süleyman (dem Prächtigen) erreichte das osmanische Reich seinen politischen und kulturellen Höhepunkt. Im 18. Jahrhundert schwand die Macht der Sultane, die Balkanvölker erhoben sich. 1878 und 1912 standen Russen und Bulgaren vor den Toren Istanbuls. Nach dem an der Seite der Deutschen verlorenen 1. Weltkrieg brach das Osmanische Reich zusammen. Kleinasien wurde von den Siegermächten vollständig besetzt. Erst 1923 konnte nach einem türkischen Aufstand, an dessen Spitze der auch heute noch viel verehrte Nationalheld Mustafa Kemal Paşa, genannt »Atatürk« (Vater der Türken), stand, eine neue Republik auf stark verkleinertem Gebiet gebildet werden – die Türkei in den uns heute bekannten Grenzen.

Die heutige Türkei

Vom Steppenvolk zur modernen Nation – dies ist der Extrakt der bewegten Geschichte der Türken.
Die heutige Türkei gliedert sich geographisch in die Halbinsel Anatolien und Thrazien als den südöstlichen Zipfel der Balkanhalbinsel. Das Staatsgebiet ist ca. 782 000 km^2 groß, also 3mal so groß wie die Bundesrepublik Deutschland oder 19mal so groß wie die Schweiz. 97% des Gebietes liegen auf asiatischem Boden und nur ein Gebiet, etwa so groß wie Hessen, stellt diesseits vom Bosporus und von den Dardanellen die Europäische Türkei dar.
99% der heute schätzungsweise 45 Millionen Türken sind Mohammedaner, wobei für alle anderen Glaubensgemeinschaften uneingeschränkte Religionsfreiheit besteht.

Izmir, Fragment einer Moschee

Atatürk war es, der während seiner Regierungszeit das Sultanat abschaffte, die Türkei zu einem weltlichen Staat ohne Staatsreligion führte, das Tragen von Schleier und Fez verbot, die Schulpflicht und die Gleichberechtigung von Mann und Frau einführte, das bislang in arabischer Schrift geschriebene Türkisch latinisierte und das Land zu einem heute säkularisierten, demokratischen und westlich orientierten, wenn auch noch bis heute hart um seine wirtschaftliche Stabilität ringenden Staat führte.

Die türkische Lebensart

Die türkische Lebensart wird durch orientalische Philosophie und Grundsätze des islamischen Glaubens maßgeblich beeinflußt. Die Stichworte
Inşallah
Maşallah
Kısmet
Keyf
nur äußerst unzureichend zu übersetzen mit
»Vertraue auf Allah«
»Allah wird's schon richten«
»Schicksal«
»Gelassenheit und Wohlbefinden«
sind ihre Grundpfeiler.

Kuppel eines Hamam (türkisches Dampfbad)

Der Türke hat Zeit, viel Zeit, lebt bewußt und gottergeben. Diese Verbindung von östlicher Weisheit mit orientalischer Gelassenheit wird recht treffend durch ein beliebtes Sprichwort ausgedrückt:

Vergiß nicht –
heute ist der erste Tag
vom Rest Deines Lebens.

Der Türke versteht es also, zu leben und zu genießen, und dies wirkt sich selbstverständlich auch auf seine Eßkultur aus. Es gibt kaum ein Vergnügen, das der Türke mehr genießt, als eine reich gedeckte, mit unendlicher Sorgfalt zusammengestellte Tafel, die er mit möglichst vielen Mitmenschen teilt.

Foça, Alte Moschee

Die trotz aller vorgenommenen Reformen noch immer spürbare Beeinflussung durch die islamische Religion zeigt sich beispielsweise darin, daß auch ein nicht besonders religiöser Türke Schweinefleisch verpönt, welches im übrigen von Mohammed, dem Stifter des Islam, keineswegs aus ideologischen, sondern vielmehr aus gesundheitlichen Gründen verboten wurde: In heißen Ländern ist gerade Schweinefleisch sehr leicht verderblich und fettes Fleisch besonders schwer verträglich.

Sitten und Gebräuche

Auch der Türke feiert die Feste, wie sie fallen. Und im Zweifelsfall findet sich stets ein Anlaß für eine Feier mit opulentem Mahl.
Die religiösen (beweglichen) Feiertage, wie das »Zuckerfest« (Şeker Bayramı), zum Ende des jährlichen Fasten-

monats mit vielerlei Leckereien und Süßigkeiten gefeiert, und das »Opferfest« (Kurban Bayramı), das das Ende der Mekkawallfahrt anzeigt und mit dem Schlachten junger Schafe begangen wird, wurden schon von alters her gerne zum Anlaß für besondere kulinarische Aktivitäten genommen. Daneben wird hauptsächlich auf Hochzeiten und Beschneidungszeremonien, zu denen auf dem Lande natürlich die gesamte Dorfschaft mitfeiert, viel und gut gegessen und getrunken. Gastfreundschaft ist kein leeres Wort für einen Türken. Er praktiziert sie wirklich. Besuch ist gern und oft gesehen, und die türkische Hausfrau wird es sich nicht nehmen lassen, alle Köstlichkeiten aufzutragen, die ihre Speisekammer herzugeben vermag.

Essenszeiten

Eigentlich ißt der Türke nur zweimal täglich, da er das Frühstück sehr vernachlässigt. Wenn überhaupt, gibt es morgens außer dem obligatorischen Tee meist Weißbrot, Schafskäse und schwarze Oliven. Wenn am Wochenende die ganze Familie zusammen frühstückt, gibt es vielleicht noch hartgekochte Eier und die wunderbar schmeckenden *Simit,* unseren Brezeln ähnliche, mit Sesamkörnern bestreute Ringe, die, von kleinen Jungen in großen Platten auf dem Kopf balanciert, in allen Stadtteilen und den Basaren laut schreiend angeboten werden. Auch das Mittagessen fällt während der Woche keineswegs üppig aus. Es gibt Schnellgerichte, Reste oder ein einfaches Mahl im Schnellrestaurant. Am Nachmittag besucht man gerne

Straßenverkauf von Simit (Sesamringe)

»im Vorbeigehen« eine Konditorei, in der Desserts, Kuchen, Gebäck und Eisspeisen angeboten werden, die der Süßigkeiten über alles liebende Türke zusammen mit Milch, Tee oder Fruchtsäften (nicht aber mit Kaffee) verspeist.
Im »Kahve« (Kaffeehaus) werden neben türkischem Kaffee und Tee nur noch alkoholfreie Getränke angebo-

Straßencafé

ten, der Zutritt ist der Männerwelt vorbehalten. Frauen wird zwar der Zutritt nicht direkt verwehrt, sie werden dort aber äußerst zurückhaltend, wenn nicht gar abweisend behandelt. Einer Türkin würde es kaum einfallen, ein »Kahve« zu besuchen. Das »Kahve« ist der Ort, an dem der Türke zu jeder Tageszeit anzutreffen ist, wo er sich mit Freunden, Bekannten oder Fremden unterhält oder sich sinnend und Wasserpfeife schmauchend im »Keyf« übt. Zum Abendessen aber, das meist nicht vor 20 Uhr beginnt, versammeln sich dann die ganze Familie und ganz bestimmt auch einige fast obligatorische Gäste um den Eßtisch. Im gepflegten türkischen Haushalt gibt es nicht selten acht oder zehn Speisen, die ohne Einhaltung starrer Regeln aufgetischt werden. Das türkische Fladen- oder Weißbrot *(pide, ekmek)* darf niemals fehlen und wird zu allen Gängen gegesssen. Auch ein Abendessen im Lokal umfaßt zwei, drei Vorspeisen, Salat, zwei Hauptgerichte, Nachspeise oder Kaffee – und es dauert Stunden.

Sonnenuntergang über der Ägäis

Die türkische Küche

Grundlagen

Vielleicht haben Sie nach den vorgehenden Ausführungen den Eindruck bekommen, die Türken seien überaus anspruchsvolle Genießer, denen die luxuriöseste Spezialität gerade gut genug wäre. Das ist natürlich falsch. Es darf nicht vergessen werden, daß die Türkei ein Agrarland mit einem für westliche Ansprüche sehr niedrigen Pro-Kopf-Einkommen und hohen Arbeitslosenquoten ist, in dem echte Armut auf dem Land wie in der Großstadt durchaus noch bekannt und fast alltäglich ist.

Lebensmittel-Importe sind wegen chronischen Devisenmangels nach wie vor gering. So wird also praktisch nur das verzehrt, was im eigenen Land angebaut und produziert wurde, wobei allerdings aufgrund idealer klimatischer Verhältnisse und sehr fruchtbarer Anfbauflächen hervorragende Voraussetzungen zur »Selbstversorgung« gegeben sind. Moderne Lebensmittelhaltung (es gibt wenig Konserven und fast keine tiefgefrorenen Lebensmittel) sowie Obst- und Gemüseanbau in beheizbaren Gewächshäusern sind noch längst nicht so weit entwickelt wie in westlichen Nationen. Man beschränkt sich oft noch auf traditionelle Überlieferungen, wie Trocknen, Einsalzen und Einmachen. So finden sich in der Türkei an frischer Ware hauptsächlich die der jeweiligen Jahreszeit entsprechenden Produkte.

Dennoch, der Türke ist ein echter Feinschmecker, und er ißt gerne, viel und gut.

Tomatenverkäufer

Die türkische Küche zeichnet sich durch Vielfalt und Phantasie aus; sie ist reich an Obst und Gemüse, an interessanten Fisch- und Fleischgerichten und ungewohnten Süßspeisen.

Brotverkauf auf dem Lande

Das Geheimnis: Inländische Agrarprodukte sind in der Zeit ihrer jeweiligen Saison sehr preiswert, vor allem die Grundnahrungsmittel Schafskäse, Tomaten, Melonen und Brot belasten die Haushaltskasse auch bei kleinem Einkommen nicht übermäßig. Und was kann man nicht alles mit diesen und anderen, in Industrienationen oft

verpönten, preiswerten Nahrungsmitteln (z. B. Pansen, Saubohnen, Kürbissen usw.) zaubern!
Und, in der Türkei wird – beim Barte des Propheten! – wirklich nicht nur mit Wasser gekocht, nein, jedes Gericht ist mit einer kräftigen Prise orientalischer Geheimnisse der Kochkunst gewürzt, und eben das macht sie kostbar und unvergleichlich.
Ihnen diese Geheimnisse nahezubringen, die sich letztendlich als recht einfach nachzuvollziehen herausstellen werden – das ist die Absicht der Verfasser dieses Buches.

Vergleiche zur mediterranen und arabischen Küche

Sie haben bereits gelesen, wie viele Kulturen ihre Spuren in der Türkei hinterließen und welche immensen Ausmaße das Osmanische Reich in seiner Blütezeit hatte. So blieb es nicht aus, daß die Eroberer nicht nur ihre Waffen, sondern auch ihre Küchengeheimnisse mitbrachten oder nach den Kriegen im friedlichen Zusammenleben den Siegern solche Geheimnisse von der Bevölkerung abgelauscht und der eigenen Kochkunst einverleibt

Döner Kebap

Kebap-Restaurant

wurden. So, wie Sie beispielsweise in Österreich nach wie vor Mozarts »Türkentrank« (türkischer Mokka), in Griechenland *Döner Kebap* (Röstfleisch am Spieß – griechisch mit »Gyros« bezeichnet) oder in Jugoslawien *Cacık* (erfrischendes Joghurtgericht mit Gurke) finden, so hat sich auch die Türkei von den Ländern, die ihr unter osmanischer Herrschaft jahrhundertelang einverleibt waren, in der kulinarischen Kunst einiges abschauen können.
Die türkische Küche wird deshalb oft als ideale Mischung mediterraner, balkanischer und arabischer Gastronomiekunst bezeichnet, ohne daß die ihr eigene Geschmacksrichtung, nämlich die eines ursprünglich turkmenischen Nomadenvolkes, verloren gegangen wäre.

Küsten- und Landesküche, örtliche Besonderheiten

Die mit »Kleinasien« äußerst treffend bezeichnete Türkei weist – genau wie der gesamte asiatische Raum – drei Hauptklimazonen auf, die sich auf die Vegetation entscheidend auswirken.
Die Türkei wird von vier Meeren (Mar-

mara-, Ägäisches-, Mittelmeer und Schwarzes Meer) umrahmt und verfügt über mehr als 7000 km Küste. In den Küstengebieten herrscht gemäßigtes bzw. typisches Mittelmeerklima. Die innere Türkei, also das anatolische Hochland, wird von einem ausgeprägten Steppenklima beherrscht, von zahlreichen Flüssen durchzogen und ist reich an großen, aber oft salz- oder sodahaltigen und somit fischlosen Seen.
Aus diesen geographischen und klimatischen Gegebenheiten haben sich selbstverständlich verschiedene Küchen entwickelt. Während man besonders am noch sehr fischreichen Schwarzen Meer Hunderte verschiedener Fischgerichte auf den Speisekarten findet, so hat man sich im Landesinneren mehr auf eine ungeahnte Vielzahl von Varianten an Gemüse-, Reis- oder Fleischgerichten spezialisiert.

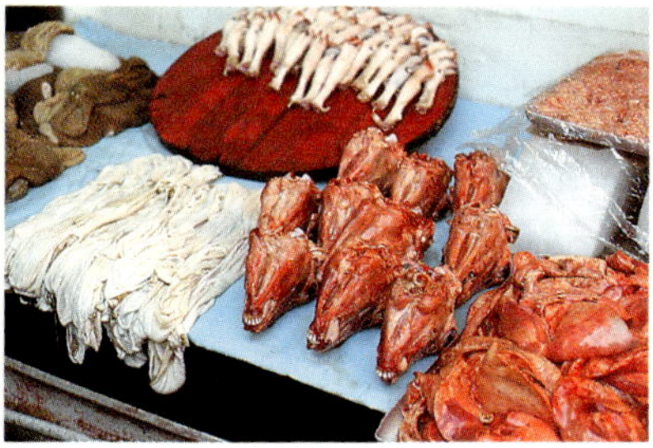

Lammteile zum Verkauf

Das Gebiet um Adana ist besonders stolz auf seine Fleischspießgerichte; der Joghurt aus Silifke soll der beste sein und wird sogar in einem Volkslied besungen; die Bevölkerung um Izmir kennt mehr als 50 Varianten gefüllten Tintenfisches; eine raffinierte Eierspeise (Menemen) wurde nach ihrem Ursprungsort benannt.

Fangfrischer Fisch

Herrschen im Osten und Südosten der Türkei arabische Grundlagen der Küche mit oft für unseren Gaumen recht ungewöhnlichen oder manchmal sehr scharf gewürzten Gerichten vor, so hat sich im Landesinneren noch eine gewisse, unberührte Ursprünglichkeit original turkmenischer Elemente erhalten, während die heute auch touristisch erschlossenen Küstengebiete sich dem europäischen Geschmack genähert haben.

Würzbrevier

Die Würzkunst ist in der türkischen Küche besonders vollkommen. Hier zeigt sich auch ihre Andersartigkeit gegenüber der Gastronomie des Abendlandes wohl am deutlichsten. Was Sie indes überraschen wird, ist die doch relativ geringe Anzahl der erforderlichen Gewürze und die bis auf wenige Ausnahmen sehr leichte, milde Würzung. Zwar werden einige,

Gewürzstand im Basar

bei uns doch weniger bekannte oder selten verwendete »exotische« Gewürze in teilweise vielleicht ausgefallenen Zusammenstellungen benötigt, aber sie finden allesamt eine recht sparsame Verwendung.
Bitte, machen Sie nicht den Fehler, nach Laienart pseudo-orientalisch würzen zu wollen. Was nützen Ihnen fein säuberlich in aufwendiger Verpackung abgefüllte, in meterlangen Regalen dekorativ untergebrachte, aber durch falsche oder zu lange Lagerung oft schal gewordene und ihrer Würzkraft beraubte Gewürze, wenn diese in immer wieder gleicher Zusammenstellung und vielleicht zu hoher Dosierung verwendet werden und so jedem Gericht einen uniformen, langweiligen und atypischen Geschmack verleihen? Nein, Gewürze sollen den typischen Geschmack einer Speise lediglich unterstreichen und nicht übertünchen! Und um dies zu erreichen, benötigen Sie wenige, ausgewählte und vor allem frische Gewürze bester Qualität und in kleinen Mengen – denn wenig bedeutet in diesem Falle immer mehr.

Folgende Gewürze, die ohnehin fast in jedem Haushalt vorrätig sind und oft gebraucht werden, sollten Sie als »Grundausstattung« bereithalten:

Salz
Feingemahlener schwarzer Pfeffer
Feingemahlener weißer Pfeffer
Grobgemahlener schwarzer Pfeffer
Mildes Paprikapulver
Scharfes Paprikapulver (Rosenpaprika)
Knoblauchknollen
Wacholderbeeren
Lorbeerblätter
Gewürznelken
Muskatnuß
Zimt

Daneben können Sie folgende, für die türkische Küche typische Gewürze anschaffen, die Sie wahrscheinlich nur im türkischen Geschäft bekommen werden:

Leicht gesalzenes Tomatenmark in kleinen Konservendosen (salça)
Gemahlener Kreuzkümmel (kimyon)
Getrocknete Minze (nane)
Getrockneter Salbei – ganze Pflanze (adacayı)
Thymian-Gewürzmischung (kekik)
Safran (safran) – sehr teuer – oder
Gelbwurz (zerdeçal) – preiswerter
Geriebene Sumachbeeren (sumak)

Der Türke würzt Salate, Suppen, Soßen, Gemüse- und Fleischgerichte gerne mit frisch gepreßtem Zitronensaft. Zitronen sollten daher in Ihrem Vorrat ebenfalls nie fehlen. Andere Gewürze aber sollten Sie sich nicht auf Verdacht anschaffen, sondern erst dann, wenn Sie tatsächlich ein entsprechendes Gericht nachzukochen gedenken.
Übrigens wird in der Türkei das dort wirklich oft verwendete Paprikapulver in vielen Haushalten selbst hergestellt. Sie können dies ohne große Mühe nachahmen: Kaufen Sie – am besten im Spätsommer – eine größere Anzahl kleiner, roter, scharfer und milder Peperoni und hängen Sie diese, auf einen Bindfaden aufgezogen, in Ihrer Küche auf. Das sieht dekorativ aus und reicht lange zum Würzen. Bei Bedarf ziehen Sie einfach eine getrocknete Schote ab und zerstoßen sie im Mörser je nach Belieben zu grobem oder feinerem Pulver.

Kräuter können Sie entweder auf der Fensterbank bzw. im Garten selbst ziehen, je zur Hälfte einfrieren und trocknen, oder aber bei Bedarf frisch auf dem Markt kaufen. Bei manchen Gerichten empfehlen wir Ihnen, frische Kräuter zu verwenden. Am Beispiel einer getrockneten, zerriebenen und dann noch zu lange gelagerten, völlig geschmacklos gewordenen Petersilie erkennt man, daß solcherart behandelte Kräuter zum Würzen nicht geeignet sind.
Folgende frische Kräuter benötigen Sie oft in der türkischen Küche:

Krause oder glatte Petersilie (maydanoz)
Dill (dereotu)
Minze (nane)
Salbei (adacayı)
Thymian (kekik)
Rosmarin (biberiye)
Basilikum (fezleğen)

Auch Zwiebel- bzw. Knollengewächse werden als Gewürze verwendet. Die wichtigsten sind Zwiebeln – und natürlich Knoblauch, das älteste Gewürz der Welt. Meist werden große, rote Zwiebeln oder junge, grüne Zwiebeln, gelegentlich auch Schalotten verwendet. Die uns bekannte »normale« Zwiebel ist in der Türkei recht selten zu finden. Knoblauch wird in ganzen Zehen, gehackt, im Mörser zerstoßen oder durch die Knoblauchpresse gedrückt verwendet. Bitte, halten Sie sich bei den Rezepten an die jeweils angegebene Verfahrensweise, da Knoblauch in jeder Verwendung einen anderen Geschmack entwickelt.

Noch ein *Tip zum Knoblauch,* dessen Geschmack viele Menschen schätzen, dessen Geruch nach dem Genuß die meisten aber als äußerst störend empfinden. Da dieser Geruch kurze Zeit nach dem Verzehr über die gesamte Haut und nicht nur aus dem Mund austritt, nützt es wenig, den Mund auszuspülen oder ein Pfefferminzbonbon zu lutschen. Die einzige und sehr wirkungsvolle Hilfe ist, unmittelbar nach einer knoblauchreichen Mahlzeit einige getrocknete Nelken zu lutschen (nicht kauen). Nach einigen Minuten kann man diese Nelken ausspucken und recht sicher sein, keinen unangenehmen Geruch auszuströmen.

Einkauf der Zutaten

In der Türkei ist der Einkauf der Lebensmittel (man staune!) auch heute noch fast ausschließlich Sache der Männer. Dieser Brauch leitet sich aus der islamischen Vorstellung ab, daß

Metzgerei in der Stadt

Tulum (fettloser Schafskäse)

für die Frau als Hüterin des Hauses Erledigungen außerhalb eher unangemessen und daher möglichst zu meiden seien. So findet man in den Basaren und Einkaufsstraßen überwiegend Männer.

Bei uns erhalten Sie die meisten für die Zubereitung einer türkischen Mahlzeit erforderlichen Zutaten in gutsortierten Lebensmittelgeschäften oder großen Supermärkten mit einer Orient- oder Balkanabteilung. Aber wir möchten Ihnen nahelegen, auch einmal ein türkisches Lebensmittelgeschäft zu besuchen, das sie heute schon in fast jeder europäischen Stadt finden. In diesen Läden, die oft im »Tante-Emma-Stil« geführt sind, werden Ihnen neben dem Verkauf von Lebensmitteln – wie Obst, Gemüse, Brot, Fleisch, Wurst- und Milchprodukten, Konserven, Gewürzen sowie türkischen Haushaltsgegenständen (Geschirr, Teegläser, Samoware usw.) – oft auch in einer Unterhaltung wertvolle Tips und Ratschläge für die Zubereitung von Gerichten geboten.

Die türkische Küche

Versuchen Sie vor allem einmal die Produkte eines türkischen Metzgers. Das dort verkaufte Fleisch ist nach orientalischer Sitte zerlegt, und die Ware entspricht den religiösen Vorschriften der Mohammedaner. Äußerlich unterscheiden sich z. B. die dort erhältlichen Lammkoteletts von denen deutscher Metzger: Sie sind wesentlich dünner und das Filet ist nicht entfernt.

Fischmarkt

Was Gemüse, Kräuter und Obst angeht, werden beim Einkauf keine Probleme auftauchen, wenn Sie in Ihrer Stadt einen Markt haben. Dort finden Sie auch fast alle, bei uns manchmal noch als etwas exotisch geltenden Zutaten.

Gemüsemarkt

Ein wichtiges Kapitel der türkischen Küche ist der aus Kuh-, Schafs- oder Ziegenmilch hergestellte *Joghurt,* der ausschließlich in Verbindung mit salzigen Gerichten verwendet wird. Der bei uns so beliebte süße Fruchtjoghurt ist gänzlich unbekannt. Joghurt wird vielmehr zur Verfeinerung von Suppen, Fleisch- und Gemüsegerichten, als Beilage und zur Herstellung erfrischender Vorspeisen oder eines eisgekühlten, leicht gesalzenen Getränks verwendet. Wenn Sie keinen original türkischen, griechischen oder bulgarischen Joghurt finden, eignet sich als Ersatz am besten 10%iger, möglichst fester Sahnejoghurt.

Joghurt aus Schafsmilch

Bitte, denken Sie daran: Frische ist oberstes Gebot in der türkischen Küche! Verzichten Sie lieber auf die Zubereitung eines bestimmten Gerichtes, wenn Sie nicht erstklassige und wirklich frische Ware bekommen. Statt dessen bereiten Sie lieber ein anderes Gericht zu.

Zubereiten und Servieren

Vor allen Dingen das Abendessen ist für den Türken ein tägliches kleines Fest, das eine lieblose Zubereitung und Darreichung verbieten würde. Nicht zuletzt auch deswegen, weil in der Türkei ungleich häufiger und zahlreicher als bei uns Gäste zu bewirten sind, denen man die Gastfreundschaft durch perfekten Service unter Beweis stellen möchte.

Der Türke garniert gerne und sehr fantasiereich. Besonders die zu jeder Mahlzeit gehörenden verschiedenen Vorspeisen werden liebevoll angerichtet und verziert. Eine wichtige Rolle spielt dabei auch das verwendete Geschirr:

Vorspeisen und Salate werden nicht in Schüsseln, sondern auf flachen Servierplatten angerichtet. Oft ist in der türkischen Familie noch altes, aus reinem Messing oder Kupfer hergestelltes Geschirr vorhanden, das bei festlichen Anlässen gerne verwendet und hergezeigt wird.

Die täglichen Hauptmahlzeiten werden meist auf Steingut oder Porzellan im europäischen Stil angerichtet, wobei für bunte Blumenmuster oder alttürkische, graphische, oft blaugrundige Muster eine besondere Vorliebe besteht.

Bei dem zum Zubereiten der Gerichte benötigten Kochgeschirr bestehen keine Unterschiede. Allerdings haben wir es schon etwas leichter, da bei uns beschichtete Töpfe und Pfannen erhältlich sind, die die Herstellung gerade einiger türkischer Spezialitäten, wie z.B. der Reisspeisen, doch wesentlich erleichtern.

Eine Knoblauchpresse, ein feines und ein mittleres Sieb sowie ein Rest Mullstoff (ca. 40×40 cm – vor allem zum Abgießen von Joghurt und zum Ausrollen von Teig verwendet) sollten ebenfalls vorhanden sein. Zum Zerstoßen von Knoblauch und Gewürzen empfehlen wir Ihnen die Anschaffung eines Mörsers. Es muß ja nicht sofort ein recht teurer Messingmörser sein (der übrigens in südlichen Ländern wesentlich billiger ist, da hier alltäglicher Haushaltsgegenstand); es genügt aber durchaus ein mittelgroßer Holzmörser.

Tee wird im Samowar oder in zwei speziellen Teekannen zubereitet und in den typischen, kleinen Gläsern ausgeschenkt, die sie zusammen mit dazugehörenden Untertellern und kleinen Löffeln für wenig Geld in türkischen Geschäften erwerben können.

Für das zum Essen gereichte Mineralwasser, gekühlte Leitungswasser oder Raki eignen sich am besten nicht zu große, schlanke Longdrinkgläser. Für den türkischen Kaffee nehmen Sie bitte sehr kleine Mokkatassen. Die uns geläufigen, fast einen Viertelliter fassenden Kaffeetassen sind den Türken gänzlich unbekannt, ebenso die Kaffeekanne. Der Kaffee wird in der Türkei vielmehr in eigens für diesen Zweck bestimmten Messingtöpfchen mit langem Stiel zubereitet.

Genauere Hinweise zur stilgetreuen Herstellung dieser Getränke erhalten Sie in den Beschreibungen zu den einzelnen Rezepten.

Suppen
Çorbalar

Schwere Suppen gehören in der Türkei eigentlich nur selten zum Abendessen – man könnte sonst von den nachfolgenden verlockenden Speisen vielleicht nicht mehr so viel essen ... Vielmehr werden, vor allem auf dem Land, Suppen oft bereits zum Frühstück als Stärkung vor einem harten Arbeitstag auf dem Feld gegessen. Es gibt fast überall im Lande spezielle Suppenrestaurants, die bereits in den frühen Morgenstunden geöffnet haben.
Fleisch-, Geflügel-, Gemüse- und Fischbrühen werden als Grundlage für Suppen oder andere Gerichte hergestellt, in einen Steintopf gegeben, mit Nierenfett »versiegelt«, an einem kühlen Ort aufbewahrt und so für Monate haltbar gemacht. Wir haben es da wesentlich leichter und können die Brühe portionsweise einfrieren.
Viele Türken würzen ihre Suppe mit Zitronensaft oder Essig und scharfen, nur groß zerstoßenen, getrockneten roten Paprikaschoten, und so stehen in jedem Restaurant die entsprechenden Gefäße zur eigenen Bedienung auf dem Tisch. Aber auch in der Türkei ist scharfes Würzen nicht jedermanns Sache.
Kalte Suppen und Kaltschalen, hauptsächlich auf Joghurtgrundlage bereitet, bieten an heißen Sommertagen eine willkommene Erfrischung und werden gerne auch als Zwischengericht serviert.

Fleischbrühe
Et suyu

Grundrezept
500 g Lamm-, Rind- oder Kalbfleisch mit Knochen, 2 l Wasser,
1 kleine Möhre,
1 kleine Stange Lauch,
1 kleine Zwiebel,
2 Knoblauchzehen,
1 Bund Petersilie, Salz

Knochen waschen, zerkleinern und im Backofen bei starker Hitze ca. 7 Minuten erhitzen, bis sie sich verfärben (machen Sie sich bitte diese Arbeit, es lohnt sich: die Suppe wird intensiver im Geschmack). Wasser in einen hohen Topf geben, zum Kochen bringen. Knochen und Fleisch zugeben, bei mittlerer Hitze ca. 1 Stunde garen. Das Gemüse putzen und waschen, Zwiebel und Knoblauchzehen schälen und alles ungeschnitten zugeben. Salzen und etwa 2 weitere Stunden kochen. In den letzten 10 Minuten die gehackte Petersilie hinzugeben. Knochen, Fleisch und Gemüse herausnehmen, die Brühe durch ein Sieb geben. Abschmecken.
Dieses Grundrezept können Sie für mehrere der nachfolgenden Suppen verwenden. Die Brühe selber schmeckt aber auch sehr gut. Sie können sie abändern, indem Sie das Gemüse und das kleingeschnittene Fleisch als Einlage zugeben.

Hinweis
Es lohnt sich, mehrere kleine Portionen dieser Brühe einzufrieren, da sie für viele Gerichte Verwendung findet.

Hühnerbrühe
Tavuk suyu

Grundrezept
2 l Wasser, 500 g Huhn mit Knochen,
1 kleine Möhre, 1 kleine Stange Lauch,
1 kleine Zwiebel, 2 Knoblauchzehen,
1 Bund Petersilie, Salz

Wasser in einen hohen Topf geben, zum Kochen bringen. Das zerkleinerte Huhn mit Knochen zugeben, bei mittlerer Hitze 1 Stunde kochen. Das Gemüse putzen und waschen, Zwiebel und Knoblauchzehen schälen und alles ungeschnitten zugeben. Salzen und 1 weitere Stunde kochen. In den letzten 10 Minuten die gehackte Petersilie zugeben. Huhn und Gemüse herausnehmen, die Brühe durch ein Sieb geben und abschmecken.
Die Hühnerbrühe wird zur kräftigen Hühnersuppe, wenn Sie Gemüse und Fleisch kleingeschnitten einlegen.

Hinweis
Auch diese Brühe eignet sich zum portionsweisen Einfrieren, da sie beispielsweise für Reisgerichte in kleinerer Menge benötigt wird.

Fischbrühe
Balık suyu

Grundrezept
1½ l Wasser, 1250 g Fischköpfe oder Fisch, 1 kleine Möhre,
1 kleine Stange Lauch,
1 Scheibe Sellerie,
1 kleine Zwiebel, 1 Knoblauchzehe,
1 kleiner Bund Petersilie, Salz

Wasser in einen hohen Topf geben, zum Kochen bringen. Den grobgeschnittenen Fisch zugeben und bei mittlerer Hitze ½ Stunde garen. Das Gemüse putzen und waschen, Zwiebel und Knoblauch schälen und alles ungeschnitten zugeben. Salzen und 1 weitere Stunde kochen. In den letzten 10 Minuten die grobgehackte Petersilie zugeben. Fisch und Gemüse herausnehmen, die Brühe durch ein Sieb geben und abschmecken.

Hinweis
Wenn Sie die Brühe als Suppe verwenden wollen, empfehlen wir Ihnen das kleingeschnittene Gemüse und den von Gräten befreiten Fisch zuzugeben. Danach können Sie nach Geschmack noch ein rohes Ei einrühren.

Anatolische Suppe

Foto

Yayla çorbası

1 l Hühnerbrühe (Seite 22),
50 g Reis, 30 g Margarine,
2 Eigelb, 40 g Mehl,
2 EL frische oder 2 TL getrocknete
Minze, 250 g Joghurt

Die Hühnerbrühe in einen Topf geben, aufkochen lassen. Den Reis hinzugeben und etwa 20 Minuten kochen, bis er gar ist. In einer Pfanne die Margarine erhitzen, Eigelb, Mehl und Minze gut einrühren, etwas Brühe aus dem Topf zugeben und unter ständigem Rühren den Joghurt unterziehen. Kurz aufkochen lassen und zu der Reisbrühe geben. Umrühren und heiß servieren.

Rote Linsensuppe

Foto

Mercimek çorbası

1 l Fleischbrühe (Seite 22),
1 Glas Wasser, 175 g rote Linsen,
25 g Margarine, 1 Zwiebel, 15 g Mehl,
Salz, Rosenpaprika, ⅛ l Milch, 3 Eigelb

In einem Topf die Fleischbrühe und das Wasser zum Kochen bringen. Die Linsen zugeben, in ca. 35 Minuten gar kochen, dann in einem feinen Sieb pürieren. Hierzu nehmen Sie am besten einen Holzlöffel zu Hilfe. Durch das Pürieren soll die harte Schale der Linsen abgelöst werden. Die Suppe wieder in den Topf zurückgeben.
In einer Pfanne die Margarine erhitzen und die sehr fein gehackte Zwiebel goldgelb rösten. Das Mehl darüberstreuen und einrühren. Zur Suppe geben und mit Salz und Paprika abschmecken. Die Suppe nochmals zum Kochen bringen und die mit Milch verschlagenen Eigelb einrühren, noch 2 Minuten kochen und sofort servieren. Diese Suppe wird oft mit gerösteten Brotwürfeln serviert.

Hinweis
Wenn Sie die Suppe anstatt mit den roten Linsen mit unseren herkömmlichen braunen Linsen herstellen wollen, vergessen Sie bitte nicht, diese über Nacht einzuweichen. Bei den roten Linsen ist dies nicht erforderlich.

Kaiserin-Suppe

Imparatoriçe çorbası

40 g Margarine, 20 g Mehl,
1 l Hühnerbrühe (Seite 22),
350 g Brustfleisch vom gebratenen oder gekochten Huhn (ohne Knochen), 4 Eigelb, 7 cl Milch (ein knappes Glas), Salz,
1 Prise geriebener Muskat

In einem hohen Topf die Margarine zerlassen und das Mehl einrühren. Unter weiterem Rühren die Geflügelbrühe langsam zugeben und etwa 10 Minuten köcheln. Falls sich das Mehl nicht vollständig aufgelöst haben sollte, die Suppe durch ein feines Sieb passieren. Beiseite stellen.
Das Huhn im Fleischwolf möglichst fein, eventuell zweimal durchdrehen (sollten Sie keinen Fleischwolf haben, können Sie sich auch mit sehr fein geschnittenem und anschließend zerstoßenem Fleisch behelfen). Die Fleischmasse in einen Teller geben, mit Eigelb, Milch, Salz und Muskat gut verkneten. Die Suppe wieder auf die Feuerstelle geben, aufkochen lassen, die Fleischmasse einrühren und nochmals 5 Minuten leicht kochen lassen. Heiß servieren.

Hinweis
Statt des Brustfleisches können Sie auch gekochte Hühnerleber verwenden, die ebenfalls sehr fein geschnitten oder zerstoßen wird.

Kuttelfleckensuppe
İşkembe çorbası

600 g Kutteln, vom Metzger bereits gesäubert und vorgekocht,
2½ l kaltes Wasser,
Salz, 50 g Margarine,
50 g Mehl, 3 Eigelb, Saft von 1 Zitrone,
⅛ l kalte Milch,
grobgemahlener schwarzer Pfeffer,
3 Knoblauchzehen, 6 EL Essig,
15 g Butter, 3 TL mildes oder scharfes Paprikapulver

Die Kutteln waschen, in 1 cm breite Quadrate schneiden, in dem Wasser aufsetzen, salzen und in 3–4 Stunden bei mittlerer Hitze und etwas geöffnetem Deckel bißfest garen. Zur Seite stellen und warm halten.
In einem anderen Topf die Margarine erhitzen, das Mehl mit dem Schneebesen einrühren. Von der Kuttelbrühe ca. ½ l abmessen und langsam und unter stetigem Schlagen zugeben. Aufkochen lassen, die restliche Brühe und die Kutteln zugeben, durchrühren und weitere 15 Minuten kochen lassen. In der Zwischenzeit die Eigelb mit dem Zitronensaft und der Milch anrühren und nach Ende der Kochzeit in die von der Feuerstelle genommene Kuttelfleckensuppe einrühren. Die Suppe mit Salz und Pfeffer pikant abschmecken und warm halten.
Die Knoblauchzehen in einem Mörser zerstoßen und zusätzlich sehr fein wiegen. Mit dem Essig verrühren und in eine Servierschale geben und erkalten lassen.
In einem Pfännchen die Butter schaumig aufkochen lassen, von der Kochstelle nehmen und das Paprikapulver mit dem Schneebesen einrühren. Danach das Pfännchen noch für einen Augenblick auf die Kochstelle geben, damit die Butter nochmals kurz aufwallen kann. Zur Seite stellen.
Die Suppe in einer Terrine anrichten und die gut warme Paprikabutter darübergießen.
Zusammen mit der Suppe wird die kalte Essig-Knoblauch-Mischung serviert, von der man sich nach Bedarf 1–2 TL nimmt und selbst in die Suppe einrührt.

Hochzeitssuppe
Düğün çorbası

Eine feine Spezialität, die auch in der Türkei nicht nur zu Hochzeiten serviert wird.

40 g Butter,
250 g grobgehacktes Lammfleisch,
2 EL Mehl,
1½ l Fleischbrühe vom Lamm (Seite 22),
1 Möhre,
1 Zwiebel,
Salz,
grobgemahlener schwarzer Pfeffer,
1 EL Rosenpaprika,
4 Eigelb,
Saft von 1 Zitrone,
½ TL Zimt

Die Butter in einer Pfanne erhitzen, das Lammfleisch zugeben, anbräunen. Das Mehl hinzurühren und nochmals 5 Minuten bräunen. Die Fleischbrühe in einem Topf zum Kochen bringen. Das Lammfleisch, die geschälte Möhre und Zwiebel ungeschnitten zugeben. Mit Salz, Pfeffer und Paprika abschmecken und etwa 1 Stunde bei schwacher Hitze kochen. Zwiebel und Karotte entfernen, das Fleisch mit einem Schaumlöffel herausnehmen und die Suppe durchpassieren. Danach das Fleisch wieder in die Suppe zurückgeben. Die Eigelb mit dem Zitronensaft kurz schlagen und in die Suppe einrühren. Nicht mehr aufkochen lassen, da das Eigelb sonst gerinnen würde. Die Suppe heiß servieren und unmittelbar vorher mit Zimt bestreuen.

Kalte Joghurtsuppe
Foto

Cacık

Cacık wird vor allem im Sommer als Suppe oder erfrischendes Zwischengericht serviert.

250 g Salatgurke, 500 g Joghurt, evtl. 2 Knoblauchzehen, Salz, 4 TL Olivenöl, 2 TL frische, gehackte Minze, 1 TL frischer, feingehackter Dill, evtl. Eiswürfel

Die Gurke schälen, der Länge nach aufschneiden, die Kerne herausschaben. Die Gurke fein raspeln, mit dem Joghurt, den in der Knoblauchpresse zerdrückten Knoblauchzehen gut vermischen und salzen. In Dessertschalen füllen. Auf jede Portion 1 TL Olivenöl geben und Minze und Dill darüberstreuen (nicht mehr verrühren). Eisgekühlt servieren; nach Bedarf Eiswürfel dazugeben. Der Knoblauch wird gelegentlich auch weggelassen. Erst unmittelbar vor dem Verzehr die Suppe kurz umrühren.

Tarhana-Suppe
Tarhana çorbası

Die Tarhana-Suppe ist wohl die Nationalspeise Inneranatoliens. Dort wird sie meist zum Frühstück gegessen und für die Gesundheit, Kraft und Stärke der anatolischen Bauern verantwortlich gemacht.
Die Suppe war früher sehr schwierig herzustellen, weil die anatolischen Frauen die »Tarhana«, ein Suppenmehl aus getrocknetem Joghurt und

Fleischbrühe, selbst bereiten mußten. Inzwischen jedoch gibt es ein fertiges Tarhana-Mehl, mit dem die Suppe zum Kinderspiel wird und geschmacklich kaum zu unterscheiden ist. Allerdings bekommen Sie in Deutschland dieses Mehl nur in türkischen Geschäften. Auch sollten Sie für diese Suppe möglichst originalgetreu Hackfleisch vom Lamm oder Hammel verwenden. Rinderhack ist hier kein rechter Ersatz. Da der deutsche Metzger Ihnen aber wahrscheinlich kein Lammhack herstellt, empfehlen wir, dieses in einem türkischen Geschäft zu kaufen oder zu Hause selbst herzustellen.

Machen Sie sich die Mühe und besorgen Sie sich diese Zutaten, da die Suppe wirklich köstlich ist. Ob Sie sie allerdings nach türkischer Art bereits am Morgen verspeisen wollen oder zu einer anderen Tageszeit, das bleibt Ihnen überlassen.

125 g reife Tomaten, 60 g Margarine, 75 g Hackfleisch vom Lamm oder Hammel, 1 l Fleischbrühe (Seite 22), 100 g Tarhana-Mehl, geröstete kleine Brotstücke aus 2 Scheiben Graubrot

Die Tomaten häuten, in sehr kleine Stücke schneiden. In einem Topf 30 g Margarine zerlassen, die Tomatenstücke zugeben und unter Rühren so lange dünsten, bis Sie eine dicke Soße haben. Beiseite stellen. In einer Pfanne die restliche Margarine zerlassen, das Hackfleisch zugeben, 5 Minuten anbraten, zu den Tomaten geben und alles nochmals 5 Minuten dünsten. Die Fleischbrühe zugeben und aufkochen lassen. Unter kräftigem Schlagen das Tarhana-Mehl einrühren, aufkochen lassen und vom Feuer nehmen, wenn die Suppe leicht eingedickt ist. Die Brotstücke darübergeben und heiß servieren.

Salate
Salatalar

Sie sollten den Salat keinesfalls in einer tiefen Schüssel, sondern vielmehr auf einer flachen, ovalen oder runden Platte anrichten, die Sie in verschiedenen Größen kaufen können. Gut eignet sich ersatzweise auch ein flacher Eßteller.

Ist die Zubereitung der Salate als solcher meist in wenigen Minuten geschehen, da ein Anrühren von Soßen wegfällt und man die einzelnen Zutaten, wie Olivenöl, Essig, Zitronensaft usw. nur über den Salat gießt, so sollte man sich für die Garnierung genügend Zeit nehmen. Petersilie, Dill, Schnittlauch oder Minze werden frisch gehackt über den fertigen Salat gestreut. Zur weiteren Garnierung sind grüne oder schwarze Oliven, Zwiebelringe, Eispalten, Tomatenscheiben, Artischockenherzen besonders geeignet.

Den Salat stellen Sie als erstes (noch vor der Suppe) auf den Tisch. Bei den Türken ist es Sitte, daß man sich von Salat, Vorspeisen und dem Pilav gemeinsam bedient, ohne sich eine Portion auf den eigenen Teller zu nehmen.

Hirtensalat
Çoban salatası

500 g Tomaten, 3–4 grüne Zwiebeln oder 1 normale Zwiebel, 5 Peperoni (scharf oder mild), Salz, je 1 kleiner Bund Petersilie, Dill und Minze, schwarze Oliven, Saft von 1 Zitrone, reichlich Olivenöl

Die Tomaten und Zwiebeln würfeln, Peperoni in Scheiben schneiden, in Lagen auf eine Servierplatte schichten, salzen, Petersilie, Dill und Minze fein gehackt darüberstreuen. Mit den Oliven dekorieren und mit Zitronensaft und Öl übergießen.

Auberginensalat mit Joghurt
Patlıcan salatası yoğurtlu

2 große Auberginen, 5 süße Peperoni, Salz, reichlich Olivenöl, Saft von ½ Zitrone, 150 g Sahnejoghurt, 3 Knoblauchzehen, ½ Tomate, 1 kleiner Strauß krause Petersilie

Backofen auf 200 °C vorheizen. Die Auberginen rundherum mit einer Gabel einstechen, in die Backofenmitte geben. Alufolie unterlegen. Gleichzeitig die Peperoni auf die Folie geben. Die Auberginen bei Mittelhitze unter gelegentlichem Wenden ungefähr 20 Minuten garen. Die Peperoni im Backofen unter Wenden ebenfalls so lange erhitzen, bis die Haut weißlich wird und Blasen wirft. Auberginen und Peperoni häuten und sehr fein würfeln. Auf eine Servierplatte geben und salzen. Aus Öl, Zitronensaft, Joghurt und den gut zerdrückten Knoblauchzehen eine Soße herstellen und darübergießen. Mit Tomatenscheiben und Petersilie garnieren.

Variation
Diesen Salat können Sie auch ohne Joghurt zubereiten. Alle anderen Zutaten bleiben aber unverändert. Der Salat heißt dann Auberginensalat (Patlıcan salatası).

Milder Zwiebelsalat
Soğan salatası

500 g große Gemüsezwiebeln (rot oder weiß), ½ Bund Dill, ½ Bund Petersilie, Salz, 1 Zitrone, 2 TL Sumak (geriebene Sumachbeeren, im türkischen Geschäft erhältlich)

Die Gemüsezwiebeln schälen und in feine Ringe schneiden, Dill und Petersilie hacken. Jeweils eine Handvoll Zwiebelringe nehmen, tüchtig mit Salz bestreuen und fest verkneten. Die Zwiebeln in eine Schüssel geben, das Salz unter fließendem Wasser auswaschen und die Zwiebelringe abtropfen lassen. Die Zitrone auspressen und den Saft zusammen mit Dill und Petersilie unter die Zwiebeln rühren. Evtl. nachsalzen und das Sumach-Pulver darüberstreuen.

Hinweis
Dieser Salat, der außerordentlich mild und wohlschmeckend ist, gilt als klassische Beilage zu »Albanische Leber« (Seite 61), aber auch zu Grillgerichten und Kurzgebratenem.

Lattichsalat

Foto

Marul salatası

1 Kopf Lattich oder Veroneser Salat, Saft von 2 Zitronen, ⅛ l Wasser, Salz

Den Lattich verlesen und waschen, die Blätter ganz lassen. Den Zitronensaft in einer hohen Schale oder einem Glas zusammen mit dem Wasser vermischen. Die einzelnen, noch gut feuchten Lattichblätter salzen und um das Glas mit dem Zitronenwasser herum auf einem Teller anrichten. Einige Blätter in das Glas zu dem Zitronenwasser stecken.

Hinweis

Der Salat wird gerne als Mittelpunkt eines ausgedehnten Essens und oft zusammen mit Söğüş (Seite 36) genommen. Jeder Gast nimmt sich selbst ein Salatblatt, taucht es in die »Soße« und verzehrt es aus der Hand.

Bohnensalat mit Ei

Foto

Fasulye piyazı yumurtalı

250 g weiße Bohnen, Essig, Salz, 1 mittelgroße Zwiebel, 1 Bund Petersilie, 3 hartgekochte Eier, 3 süße Peperoni, 2 Tomaten, 15 schwarze und/oder grüne Oliven, reichlich Olivenöl

Die Bohnen über Nacht einweichen und am nächsten Tag gar kochen. In eine Schüssel geben, mit etwas Essig übergießen und salzen. Bis zum Abkühlen stehen lassen. Den Essig sodann abgießen und die Bohnen auf eine Servierplatte geben.
Die Zwiebel in Scheiben schneiden, mit reichlich Salz bestreuen und gründlich zwischen den Händen reiben. In ein Sieb geben, kurz waschen und abtropfen lassen. Diese Prozedur erscheint vielleicht etwas umständlich, ist jedoch sehr wirkungsvoll. Die Zwiebeln werden wesentlich milder und viel schmackhafter. Den Zwiebelgeruch an den Händen beseitigen Sie, indem Sie diese gründlich mit etwas Zitronensaft und kaltem Wasser waschen. Im übrigen ist dieser Trick mit den Zwiebeln für alle Gerichte, die rohe Zwiebel verlangen, bestens geeignet.
Die Zwiebel nun über die Bohnen geben. Petersilie fein wiegen und darüberstreuen. Die Eier vierteln, Peperoni und Tomaten in Scheiben schneiden und zusammen mit den Oliven auf der Platte hübsch anordnen. In einer Tasse Essig, Salz und reichlich Olivenöl vermischen und über den Salat gießen.

Hinweis
Beim klassischen Bohnensalat (Fasulye piyazı) lassen Sie Eier, Oliven und Peperoni weg und garnieren mit Tomaten- und Radieschenscheiben. Die große Zwiebel wird gerne auch durch junge grüne Zwiebeln ersetzt.

Kichererbsensalat

Foto

Nohut salatası

200 g Kichererbsen, Salz,
½ Bund Petersilie,
3 grüne Zwiebeln oder
1 mittelgroße rote Zwiebel,
2 Knoblauchzehen, 3 EL Zitronensaft,
2 EL Olivenöl, frisch gemahlener
schwarzer Pfeffer, 1 Tomate

Die Kichererbsen unter kaltem, fließendem Wasser waschen und, mit frischem, kaltem Wasser gut bedeckt, über Nacht in einer Schüssel stehen lassen. Das Wasser abgießen und die Kichererbsen wieder mit frischem Wasser in einem Topf zum Kochen bringen, salzen und halb zugedeckt bei schwacher Hitze 1½ Stunden garen (Kichererbsen können nicht ganz weich gekocht werden, sie behalten stets eine bißfeste Konsistenz; die angegebene Kochzeit sollte daher nicht überschritten werden). Die Kichererbsen abtropfen lassen. Mit feingehackter Petersilie (einen Zweig zum Garnieren lassen), den in feine Ringe geschnittenen Zwiebeln und den sehr fein gehackten Knoblauchzehen vermischen und nach Geschmack salzen. Den Salat auf einer flachen Schale oder einem Teller anrichten. Zitronensaft und Olivenöl darübergießen, mit Pfeffer und Salz abschmecken und mit dem Petersilienzweig und Tomatenvierteln garnieren. Stets gut gekühlt servieren.

Löwenzahnsalat
Hindiba salatası

500 g Löwenzahnblätter,
2 Zitronen,
3 EL Olivenöl, Salz,
gemahlener schwarzer Pfeffer

Den Löwenzahn verlesen, waschen und in einem Topf, gut mit Wasser bedeckt, knapp 20 Minuten sprudelnd kochen lassen. Das Wasser abgießen, den Löwenzahn erkalten lassen und in feine Streifen schneiden. Auf einer flachen Platte anrichten. 1½ Zitronen auspressen, den Saft und das Olivenöl über den Löwenzahn gießen und nach Geschmack salzen und pfeffern. Die restliche halbe Zitrone schälen, in hauchdünne Scheiben schneiden und damit den Salat garnieren.

Russischer Salat
Rus salatası

200 g Möhren, 250 g feste Kartoffeln,
120 g Sellerieknolle,
200 g rote Bete (eingemacht),
75 g Essig- oder Salzgurke,
200 g grüne Erbsen (aus der Dose),
50 g Kapern, Salz,
grober Pfeffer
Für die Soße: ½ Tasse Sahne,
2 hartgekochte Eier, 2 Tassen
Mayonnaise, etwas Wasser

Möhren, Kartoffeln, und Sellerie bißfest kochen und anschließend würfeln. Rote Bete in feine Streifen, Gurke in kleine Stifte oder Würfel schneiden. Zusammen mit den Erbsen und ca. ¾ der Kapern mischen, salzen und pfeffern.
Für die Soße die Sahne steif schlagen. Die kleingeschnittenen Eier, die restlichen Kapern und die Mayonnaise in einen Mixer geben und zu einer gleichmäßigen Soße zerkleinern. Evtl. etwas Wasser zugeben. Die Sahne unterziehen und die Soße über das Gemüse geben. Durchrühren. Mit Gurken und roter Bete dekorieren.

Hinweis
Falls Sie keinen Mixer haben, können Sie auch allein aus gut geschlagener Sahne, Mayonnaise und evtl. etwas Wasser die Soße herstellen (oder noch einfacher, aber geschmacklich eben anders: nur Mayonnaise). Die Eier werden dann, kleingeschnitten, mit dem Gemüse zugegeben.

Serail-Salat
Saray salatası

3–4 grüne Zwiebeln oder 1 normale
Zwiebel, 500 g Tomaten,
5 Peperoni (scharf oder mild),
3 hartgekochte Eier,
je ½ Bund Petersilie, Dill und Minze,
20 schwarze und/oder grüne Oliven,
Saft von 1 Zitrone, reichlich Olivenöl,
Salz

Zwiebeln würfeln, Tomaten und Peperoni in Scheiben schneiden, Eier vierteln, Petersilie, Dill und Minze fein hacken. Zusammen mit den Oliven, dem Zitronensaft und dem Öl gut vermischen, salzen und auf einer Servierplatte anrichten.

Vorspeisen
Mezeler

Zu den Vorspeisen gehören neben den nachfolgend beschriebenen Gerichten auch noch Oliven, Salzgurken, eingelegtes Gemüse oder Kartoffelchips, Nüsse, Pinien- und Sonnenblumenkerne, die als Appetitanreger gereicht werden und genau wie die übrigen Vorspeisen während der gesamten Essenszeit auf dem Tisch verbleiben.
Die Vorspeisen können in kalte und warme Gerichte gegliedert werden, wobei man pauschal sagen kann, daß jede warme Vorspeise auch als Hauptgericht verwendet werden kann. Hier gibt es keine starren Regeln; die Übergänge zwischen Salaten, Vorspeisen und Hauptgerichten sind sehr fließend. Eine Verlockung also für Sie, die Rezepte lediglich als Anregungen zu begreifen, zu variieren und zu kreieren!
Sie werden sehen, daß gerade die türkischen Eierspeisen besonders schnell und einfach zuzubereiten sind und dabei trotz der uns oft gut bekannten Rezepte (wie z. B. verlorene Eier) durch überraschende Zutaten einen orientalischen Hauch erhalten. Wegen der schnellen und leichten Herstellung werden sie oft auch mittags als Hauptgericht gereicht und gelten als typische Junggesellenmahlzeiten.
Bitte, servieren Sie auch die Vorspeisen stets auf flachen Servierplatten und vergessen Sie die Garnierung nicht.

Spinatjoghurt
Yoğurtlu ıspanak

500 g türkischer Joghurt aus Schafsmilch, 500 g dickblättriger, nicht zu junger Spinat, Salz, 2–4 Knoblauchzehen, ½ TL geriebene Muskatnuß, 20 g Butter, 2 TL mildes oder scharfes Paprikapulver

Den Joghurt 2 Tage vorher wie folgt vorbereiten: Ein Sieb mit einem ca. 40 × 40 cm großen, feinen Mulltuch auslegen, unter das Sieb ein Gefäß stellen, den Joghurt auf das Mulltuch geben und das Mulltuch fest zudrehen. Damit die Flüssigkeit aus dem Joghurt ablaufen kann, 2–3 mal täglich das Mulltuch fester zudrehen. Dabei darauf achten, daß nur die Flüssigkeit und nicht der Joghurt selbst aus dem Tuch herausgepreßt wird. Während dieser Zeit den Joghurt an einem kühlen Ort oder im Kühlschrank aufbewahren.
Am Tag der Zubereitung den Spinat verlesen, die Stengel nicht wegschneiden, waschen und in reichlich Salzwasser 20 Minuten garen. Abtropfen lassen, auf ein Mulltuch geben, tüchtig auswringen und klein hacken. Mit dem vorbereiteten, jetzt sehr cremigen und nur noch wenig Flüssigkeit enthaltenden Joghurt mischen. Mit den zerdrückten Knoblauchzehen, Salz und Muskatnuß würzen und auf einem Vorspeisenteller anrichten.
Die Butter in einem Pfännchen schaumig aufkochen lassen, von der Kochstelle nehmen und das Paprikapulver einrühren. Das Pfännchen auf die Kochstelle zurückgeben und die Butter noch einmal kurz aufwallen lassen. Die Paprikabutter über den Spinatjoghurt gießen und nicht mehr umrühren.

Peperoni-Vorspeise
Fırında pişmiş biber

500 g milde, größere Peperoni (wenn Sie gerne scharf essen, können Sie auch scharfe und milde Peperoni mischen), 2 EL Olivenöl, 3 Knoblauchzehen, 2 Tomaten, Salz, 2 EL Essig, 30 g Schafskäse

Die Peperoni in den Backofen geben und bei 225 °C ca. 30 Minuten backen, bis die Haut gelbliche Blasen wirft.
Zwischenzeitlich das Öl in einer Pfanne erhitzen, die blättrig geschnittenen Knoblauchzehen hineingeben und anbräunen. Die Tomaten häuten, hakken, zugeben und 5 Minuten bei schwacher Hitze dünsten, salzen. Die Soße beiseite stellen und erkalten lassen.
Die Peperoni aus dem Backofen nehmen und handwarm abkühlen lassen. Danach die Haut abziehen und das Fruchtfleisch hacken. Die Kerne müssen nicht entfernt werden. Auf einem Vorspeisenteller anrichten. In die erkaltete Soße den Essig einrühren und über die Peperoni gießen. Das Gericht mit dem zerkrümelten Schafskäse garnieren.

Vorspeisenteller
Söğüş

Foto

Klassischer Appetitanreger, der im Sommer bei keinem mehrgängigen Essen fehlt.

Für 6 Personen
250 g Schafskäse nach Wahl, auch gemischt, 6 Tomaten, 2 Gurken, 6 milde und/oder scharfe Peperoni, Salz, grüne und schwarze Oliven

Den Käse in mundgerechte Stücke schneiden und in der Mitte eines großen Vorspeisentellers anrichten. Die Tomaten vorsichtig schälen, in nicht zu dünne Scheiben schneiden. Die Gurken schälen, der Länge nach vierteln, evtl. die Kerne herausschaben. Die Peperoni der Länge nach halbieren und die Kerne entfernen. Tomaten, Gurken und Peperoni etwas salzen, um den Käse herum anrichten und die Oliven dazugeben.

Jeder Gast bedient sich selbst von dem in der Mitte der Tafel stehenden Vorspeisenteller und salzt evtl. selbst nach. Diese Vorspeise ersetzt oft den Salat.

Brotaufstrich aus Karpfenrogen

Tarama salatası

Für 6–8 Personen
4 Scheiben Toastbrot ohne Kruste,
100 g Tarama (gesalzener Karpfenrogen, auf Vorbestellung in türkischen oder griechischen Geschäften erhältlich),
1 Zwiebel,
⅛ l kaltes Wasser, 3 EL Zitronensaft,
⅛ l Olivenöl

Das Toastbrot in lauwarmem Wasser einweichen und gut ausgedrückt in eine Schüssel geben. Den Karpfenrogen und die feingeriebene Zwiebel zugeben und alles mit einer Gabel zerdrücken. Das kalte Wasser, den Zitronensaft und das Olivenöl jeweils nacheinander und tropfenweise zugeben und die Masse unter ständigem Rühren so lange bearbeiten, bis eine glatte Paste entstanden ist. Diese Prozedur läßt sich mit einem Passierstab hervorragend und sehr zeitsparend ausführen.

Hinweis
Tarama ist ein begehrter Brotaufstrich, der zu den Vorspeisen gehört und sich, im Kühlschrank aufbewahrt, lange hält. Besonders gut schmeckt er zu getoastetem Weißbrot.

Kaltes Tscherkessen-Huhn

Çerkes tavuğu

Eine sehr beliebte Vorspeise aus dem Osten der Türkei.

Für 8 Personen
1 mittelgroßes, frisches Huhn, 1 Bund Suppengemüse, Salz, 6 Scheiben Toastbrot ohne Rinde, ¼ l kalte Milch, 400 g Walnußkerne, 1 TL mildes Paprikapulver

Das ausgenommene und gesäuberte Huhn zusammen mit dem Suppengemüse und Salz in reichlich Wasser bei mittlerer Hitze in ca. 1 Stunde garen. In der Zwischenzeit das Toastbrot in der Milch einweichen, beiseite stellen. Die Walnußkerne in der Nußmühle fein reiben, in ein Pfännchen geben, mit dem Paprikapulver verrühren und ca. 3–5 Minuten erhitzen, bis Öl aus den Nüssen austritt. Erkalten lassen. Das fertiggekochte Huhn abtropfen lassen, vom Sud ca. ½ l aufheben und heiß stellen. Das Huhn häuten, das Fleisch auslösen und fein hacken.
In einem Topf das leicht ausgedrückte Toastbrot mit den erkalteten Walnüssen sehr gründlich vermischen (evtl. einen Passierstab zu Hilfe nehmen) und dabei bei mittlerer Hitze die Hühnerbrühe löffelweise zugeben, bis sich eine lockere, gleichmäßige, dickflüssige Masse ergeben hat, die nur erhitzt, aber nicht zum Kochen gebracht werden darf. Das Hühnerfleisch auf einem Vorspeisenteller anrichten, salzen und die Walnußmischung darübergeben, evtl. vermischen. Kalt servieren.

Lakerta
Lakerta

Ziemlich teure Vorspeisenspezialität aus eingelegten Scheiben kleiner Thunfische. Heute in Griechenland bekannter und öfter gegessen als im türkischen Ursprungsland.

250 g Lakerta (erhältlich in türkischen oder griechischen Geschäften),
1 rote Zwiebel, Saft von 1 Orange,
10 grüne Oliven

Lakerta auf einer Vorspeisenplatte, in mundgerechte Stücke aufgeteilt, anrichten. Die in hauchdünne Ringe geschnittene Zwiebel dazugeben, den Orangensaft darübergießen und mit den Oliven garnieren.

Bohnenpüree
Bakla ezmesi

Für 6–8 Personen
300 g Zwiebeln, 400 g Kuru bakla (gehäutete, getrocknete Saubohnen, im türkischen Geschäft bereits fertig zu kaufen),
⅛ l Olivenöl, ¾ l Wasser,
½ Bund Dill,
½ TL Zucker,
1 Prise Salz
Zum Garnieren: 2 EL Olivenöl, Saft von 1 Zitrone, ½ Bund Dill

Die Zwiebeln schälen, vierteln und zusammen mit den Bohnenkernen und dem Olivenöl in einen Topf mit dem Wasser geben. Aufkochen und ca. 2 Stunden bei kleiner Hitze und öfterem Rühren köcheln lassen, bis sich ein weicher Brei gebildet hat (evtl. heißes Wasser nachgießen). Die Masse mit dem Passierstab gleichmäßig zerkleinern oder durch ein mittelfeines Sieb streichen. Den Dill fein wiegen, mit Zucker und Salz einrühren und die Masse nochmals kurz aufwallen lassen. Auf einen Vorspeisenteller geben, erkalten und erstarren lassen. Zum Garnieren zunächst das Öl über das Püree gießen, danach den Zitronensaft und zuletzt den feingewiegten Dill darüberstreuen.

Kalte Bohnen
Foto
Barbunya

500 g Barbunya (kleine, gesprenkelte, getrocknete Bohnenkerne),
4 EL Olivenöl, 1 Gemüsezwiebel,
3 Tomaten, 2 Möhren,
2 milde, grüne Peperoni,
Salz, Pfeffer,
¼ Bund Petersilie,
1 unbehandelte Zitrone

Die Bohnen, mit kaltem Wasser gut bedeckt, über Nacht einweichen. In einen Topf das Olivenöl, die feingehackte Zwiebel, die enthäuteten, gehackten Tomaten, die gesäuberten und gewürfelten Möhren und die in feine Ringe geschnittenen Peperoni geben und kurz anschmoren. Die abgetropften Bohnen zugeben, salzen und pfeffern und so viel frisches, kaltes Wasser zugeben, daß alles gerade bedeckt ist. Zum Kochen bringen und bei kleiner Hitze und geschlossenem Topf in ca. 2 Stunden weich garen.

Heißes Wasser nachgießen, wenn die Bohnen nicht mehr vollständig mit Wasser bedeckt sind. Nochmals nachwürzen und kalt stellen.

Zum Servieren auf eine Platte geben und mit der grobgeschnittenen Petersilie und mit ganzen oder halbierten Zitronenscheiben garnieren.

Gefüllte Weinblätter

Foto

Yalancı dolma

Für 4–8 Personen
250 g Weinblätter (aus der Konserve oder offen), ¼ l Olivenöl,
400 g Zwiebeln, 200 g Reis
(ca. ½ Stunde in heißem Wasser eingeweicht), 5 sehr kleine Schalotten,
20 g Rosinen (über Nacht in kaltem Wasser eingeweicht),
20 g Pinienkerne, ½ Bund Dill,
½ Bund frische oder 1 EL getrocknete Minze, ½ Bund Petersilie,
1 TL Zucker, Salz,
Saft von 1 Zitrone, evtl. 250 g Joghurt

In einem Topf ¾ l Wasser zum Kochen bringen, die Weinblätter hineinlegen, den Topf von der Kochstelle nehmen und die Weinblätter 5 Minuten ziehen lassen. Herausnehmen und das Wasser wegschütten. Die Stiele von den Blättern entfernen.
In einem Topf das Olivenöl erhitzen, die sehr fein gehackten Zwiebeln darin kurz anbraten, den abgetropften Reis zugeben und 7 Minuten bei mittlerer Hitze rühren. Die ebenfalls sehr fein gehackten Schalotten, Rosinen und Pinienkerne zugeben, feingewiegten Dill, Minze und Petersilie darüberstreuen, mit Zucker abschmekken. ⅛ l Wasser zugeben, gut rühren und köcheln, bis das Wasser verdunstet ist.
Die Weinblätter auf einer glatten Fläche nebeneinander legen und in die Mitte jedes Weinblattes von der Masse ein gut walnußgroßes Stück geben. Zunächst zwei gegenüberliegende Seiten der Weinblätter, dann die an-

deren gegenüberliegenden Seiten einschlagen, danach fest aufrollen, so daß wurstartige Gebilde entstehen. In einen breiten Topf oder eine Kasserolle schichten, mit Wasser auffüllen, bis sie fast bedeckt sind. Den Zitronensaft darübergeben. Die Weinblätter mit einem Teller oder kleinem Deckel beschweren und ca. 55 Minuten köcheln. Kalt, warm, mit oder ohne Joghurt servieren.

Frische Saubohnen in Olivenöl
Taze bakla

1 kg frische Saubohnen in der Schote,
Salz, 1–2 TL Zucker,
1 Bund Dill, ½ Bund Minze,
6–7 grüne Zwiebeln,
⅛ l Olivenöl, Saft von ½ Zitrone,
¾ l kaltes Wasser

Bei diesem Gericht wird nicht umgerührt!
Von den Bohnen nur die Fäden, nicht aber die Schote entfernen, jeweils halbieren, waschen, abtropfen lassen und in einen Topf geben. Ohne jetzt oder beim Kochvorgang umzurühren, nacheinander Salz, Zucker, feingewiegten Dill, geschnittene Minze, grobgehackte Zwiebeln, das Olivenöl, den Zitronensaft und das Wasser zugeben und das Gericht zum Kochen bringen. Auf kleine Hitze schalten, den Topf mit Pergamentpapier und dem Topfdeckel verschließen und das Gericht ca. 1 Stunde kochen lassen. Garprobe machen. Heiß oder kalt servieren.

Hinweis
Gut schmeckt dazu eine pikante, kalte Soße aus 125 g Joghurt, 1 zerdrückten Knoblauchzehen und etwas Salz, die beim Servieren als Klecks auf die Mitte der Saubohnen gegeben wird.

Auberginenpüree
Patlıcan püresi

Diese Spezialität kann als kalte Vorspeise mit frischem Weißbrot angeboten oder als warme Beilage zu gegrilltem Fleisch serviert werden. Sie ist weiterhin Grundlage für das Gericht »Es gefiel dem Sultan« (Seite 93).

4 mittelgroße Auberginen,
4 EL gesalzene Butter, ¼ l Sahne,
100 g Kaşar peyniri (türkischer Käse, ersatzweise Gouda),
Salz,
grober Pfeffer aus der Mühle

Backofen auf 200 °C vorheizen. Die Auberginen von allen Seiten mit einer Gabel anstechen und ca. 25 Minuten im Backofen lassen, bis die Schale leicht angeröstet und die Frucht etwas zusammengefallen ist. Die Schale von den erkalteten Auberginen abziehen und das Fruchtmark grob hacken.
In einem Topf die Butter erhitzen und das Auberginenfleisch zugeben. Kurz anbraten, die Sahne einrühren und alles bei kleinster Hitze 15 Minuten köcheln lassen. Zwischenzeitlich den Käse sehr fein hacken und nach Ende des Kochvorganges in das noch heiße Gericht einrühren. Mit Salz und Pfeffer würzen.

Tintenfisch-Omelett
Yumurtalı kalamar

Für 6 Personen
4 kleine, küchenfertige Tintenfische, 1 rote Zwiebel, 2 Knoblauchzehen, 3 EL Butter, 6 Eier, 3 EL fester Sahnejoghurt, Salz, frisch gemahlener, schwarzer Pfeffer, ½ Bund Dill

Die Tintenfische in feine Ringe schneiden, Zwiebel und Knoblauchzehen fein hacken und alles 15 Minuten in der Butter anbraten. Die Eier mit dem Joghurt verrühren, salzen und pfeffern. Zu den Tintenfischringen geben und stocken lassen. Mit feingewiegtem Dill garnieren und heiß servieren.

Tintenfischringe
Kalamar

500 g küchenfertiger Tintenfisch mit Kopf, 1 EL Zucker, 3 Eier, 5 EL Mehl, Öl, grüne Salatblätter, 1 Zitrone

Den noch feuchten Tintenfisch in ca. ½ cm dicke Ringe schneiden, den Kopf je nach Größe halbieren oder vierteln. Den Zucker darüberstreuen und gründlich einarbeiten. 1 Stunde ruhen lassen.
In einem Teller die Eier verrühren, in einen anderen Teller das Mehl geben. Die Tintenfischstücke zuerst in den Eiern, dann im Mehl wälzen und im Öl schwimmend goldbraun ausbacken. Eine Servierschale mit den Salatblättern auslegen, den Tintenfisch daraufgeben und mit der geviertelten Zitrone anrichten. Heiß servieren.

Hinweis
Wenn Sie nur ungesäuberten Tintenfisch erhalten: Kopf abtrennen, zur Seite legen. Tintensack heraustrennen, Rückgrat auslösen und beides wegwerfen. Den Tintenfisch gründlich, am besten mit einer Bürste und warmem Wasser, innen und außen säubern. Den wohlschmeckenden Kopf essen die Türken mit.

Pascha-Salat
Paşa salatası

Vorsicht: Diese südanatolische Vorspeisen-Spezialität ist sehr scharf!

2 kleine Auberginen,
100 g sehr scharfe, dunkelgrüne Peperoni, 5 EL Olivenöl,
Salz, 5 grüne Zwiebeln,
2 reife Tomaten,
1 TL scharfes Paprikapulver

Die Auberginen in 1 cm dicke Würfel, die Peperoni in feine Ringe schneiden und beides in Olivenöl bei starker Hitze von allen Seiten gut anbraten. Salzen, mit einem Schaumlöffel herausnehmen, das Öl in die Pfanne abtropfen lassen, Auberginen und Peperoni auf einen Vorspeisenteller geben. Im gleichen Öl die in feine Ringe geschnittenen Zwiebeln anbraten und nach einigen Minuten die gehäuteten, feingewürfelten Tomaten zugeben. Salzen und 5 Minuten schmoren lassen. Die Tomatenmasse über Auberginen und Peperoni gießen, nicht vermischen und erkalten lassen. Vor dem Servieren mit Paprika bestreuen.

Hirnsalat

Foto

Beyin salatası

2 küchenfertige Hammelhirne,
1 Zitrone,
3 EL Essig,
½ l Wasser,
Salz,
1 große, schnittfeste Tomate,
1 Zwiebel,
1 Bund krause Petersilie,
gemahlener schwarzer Pfeffer,
1 EL Olivenöl

Die Hammelhirne waschen, den Saft von ½ Zitrone darübergießen und 2–3 Stunden durchziehen lassen. Die restliche Zitronenhälfte schälen und in feine Scheiben schneiden. Essig, Wasser und Salz zum Kochen bringen, die abgetropften Hammelhirne hineinlegen und 15 Minuten sprudelnd kochen lassen. Die Hirne in Scheiben schneiden und zusammen mit der geschälten und in Scheiben geschnittenen Tomate, der in feine Ringe geschnittenen Zwiebel, den Zitronenscheiben und Petersiliensträußen anrichten. Salzen und pfeffern und das Olivenöl darübergießen.
Der Hirnsalat soll kühl und nicht länger als 2 Tage aufbewahrt werden.

Eierspeise aus Menemen

Foto

Menemen

4 Tomaten, 3 – 4 grüne Peperoni (scharf oder süß), 1 Zwiebel, 40 g Butter, Salz, Pfeffer, 4 Eier

Tomaten, Peperoni und Zwiebel sehr fein hacken, aber getrennt lassen. Die Butter in einer Pfanne erhitzen, Zwiebel und Peperoni zugeben. Wenn die Zwiebel goldbraun geröstet ist, die Tomaten hinzugeben und unter Rühren bei mittlerer Hitze ca. 10 Minuten dünsten. Mit Salz und Pfeffer abschmecken. Die Eier über die Masse schlagen und das Eiweiß ganz leicht verrühren. Das Eigelb sollte möglichst nicht oder nur wenig verrührt werden. Die Pfanne schließen und bei mittlerer Hitze gute 5 Minuten dünsten. Das Eigelb soll noch weich, aber nicht flüssig sein.

Hinweis

Menemen kann warm und kalt, als Vorspeise oder als Hauptgang gegessen werden. Als Hauptspeise sollten Sie aber – je nach Appetit – die doppelte oder dreifache der hier angegebenen Menge rechnen.

Hackfleischeier

Kıymalı yumurta

1 Tomate, 1 – 2 Zwiebeln, 1 Peperoni, 30 g Butter, 100 g Lamm- oder Rinderhack, Salz, 4 Eier

Tomate und Zwiebeln häuten und würfeln, Peperoni in feine Scheiben schneiden.
In einer Pfanne die Butter erhitzen, die Zwiebel zugeben, goldbraun braten. Das Hackfleisch zugeben und ca. 10 Minuten anbraten, bis es fast durch ist. Tomaten und Peperoni zugeben und weitere 10 Minuten bei milder Hitze dünsten. Salzen.
Den Backofen auf 175 °C vorheizen. Die Hackfleischmischung in 4 feuerfeste Töpfchen geben und darüber je 1 Ei aufschlagen. 7 Minuten überbacken und heiß servieren.

Hinweis
Diese Speise eignet sich sehr gut als Hauptgericht. Dann rechnen Sie aber bitte die doppelte Menge.

Verlorene Eier mit Joghurt und Knoblauch
Çılbır

Für 3 Personen
1 l Wasser, 1 EL Salz, 3 EL Essig, 6 Eier, 450 g möglichst fester Sahnejoghurt, 3 Knoblauchzehen, 30 g Butter, 1 TL Delikateß- oder Rosenpaprika

In einem breiten Topf Wasser, Salz und Essig zum Kochen bringen und auf mittlere Hitze schalten. Die Eier nacheinander aufschlagen und vorsichtig in das Wasser gleiten lassen, den Topf schließen. Die Eier 4 Minuten kochen lassen, mit einem Schaumlöffel herausnehmen, gut abtropfen lassen und auf einer Servierplatte anrichten.

Den Joghurt in eine Schüssel geben, mit den zerdrückten Knoblauchzehen gut verrühren und salzen. Über die Eier gießen und glattstreichen.
In einem kleinen Pfännchen die Butter erhitzen, Paprika unter Rühren zugeben, sofort von der Kochstelle nehmen und über den Joghurt geben. Das Paprikapulver darf nicht braten, da es sonst einen bitteren Geschmack entwickelt.

Hinweis
Dieses Gericht zieht seinen besonderen Reiz aus der Zusammenstellung von heißen Eiern mit einer kalten Soße und der darübergegebenen zerlassenen Butter. Die einzelnen Schichten nicht verrühren und das Gericht sofort servieren.

Zwiebeleier
Soğanlı yumurta

60 g Butter, 3 mittelgroße Zwiebeln, Salz, Pfeffer, ⅛ l Wasser oder Fleischbrühe, 4 Eier

Die Butter in einer Pfanne erhitzen. Die grobgehackten oder in Scheiben geschnittenen Zwiebeln goldgelb braten, mit Salz und Pfeffer abschmecken. Das Wasser oder die Fleischbrühe zugeben und unter Rühren so lange kochen lassen, bis das Wasser verdunstet ist. Die Eier aufschlagen, zugeben, leicht verrühren und noch 3–4 Minuten bei geschlossener Pfanne dünsten. Nochmals gut abschmecken. Am besten warm servieren.

Spinateier
Ispanaklı yumurta

500 g junger, frischer Spinat,
40 g Margarine, 1 Zwiebel,
2 Knoblauchzehen, Salz, Pfeffer,
wenig geriebener Muskat, 4 Eier

Die Spinatblätter putzen und bißfest kochen. Das Wasser gründlich absieben (die Türken wringen den Spinat mit den Händen aus) und den Spinat fein hacken.
In einer Pfanne die Margarine erhitzen. Die feingehackte Zwiebel und die ebenfalls feingehackten Knoblauchzehen hinzugeben und goldbraun anbraten. Den Spinat einrühren, mit Salz, Pfeffer und Muskat abschmecken und etwa 20 Minuten dünsten. In 4 feuerfeste Töpfchen geben, darüber je 1 Ei schlagen und gut 15 Minuten bei 175 °C im vorgeheizten Backofen überbacken.

Kichererbsenpaste
Humus

Für 6 Personen
300 g Kichererbsen, ¼ l Tahin (Sesampaste, im türkischen Geschäft erhältlich), 1 EL Olivenöl,
2 Knoblauchzehen,
Saft von 2 Zitronen,
Salz, 1 TL Sesamsamen

Die Kichererbsen über Nacht in kaltem Wasser einweichen. Am nächsten Tag in reichlich Wasser bei mittlerer Hitze 1½ Stunden kochen (Kichererbsen werden nicht vollkommen weich, die Kochzeit muß daher nicht erhöht werden). Nach Ende der Kochzeit das Wasser abgießen, die Kichererbsen grob zerstampfen und durch ein mittelfeines Sieb streichen. Mit der Sesampaste, dem Öl, den zerdrückten Knoblauchzehen und dem Zitronensaft verrühren und salzen. In eine Schüssel geben, mit den Sesamsamen garnieren und erkalten lassen.

Käsebällchen
Peynir köftesi

Für 6 Personen
¼ l Milch, 1 EL Margarine,
300 g geriebener Kaşar peyniri (am ehesten durch Emmentaler zu ersetzen),
4 EL Mehl, 1 Eigelb,
1 TL Delikateßpaprika,
Öl zum Ausbacken
Für die Panade: 3 Eier, Salz,
3 EL Mehl, 50 g geriebene Mandeln,
25 g Semmelbrösel

Milch und Margarine zum Kochen bringen, von der Kochstelle nehmen und Käse, Mehl und Eigelb nacheinander unter gründlichem Schlagen (am besten mit einem Rührgerät) einrühren. Wieder auf die Kochstelle zurückgeben und bei milder Hitze rühren, bis sich ein gleichmäßiger, geschmeidiger Brei ergeben hat. Das Paprikapulver unterrühren und die Käsemasse handwarm erkalten lassen.
Für die Panade in einem Teller Eier und Salz verquirlen. In einem anderen Teller Mehl, Mandeln und Semmelbrösel vermischen. Aus der Käsemas-

se mit feuchten Händen walnußgroße Kugeln formen, zuerst in den Eiern, dann in der Mehlmischung wälzen und in Öl schwimmend ausbacken. Heiß servieren.

Götterbällchen
Mitite köfte

500 g Hackfleisch vom Lamm oder Kalb, 2 grüne Zwiebeln, 2 Knoblauchzehen, ½ Bund Petersilie, 2 Eier, Salz, Pfeffer, 1 Prise Muskat, Öl zum Ausbacken, 1 rote Zwiebel, 10 schwarze Oliven

Das Hackfleisch in eine Schüssel geben und die Zwiebeln darüberreiben (bitte nicht hacken). Die im Mörser zerstoßenen Knoblauchzehen, die sehr fein gewiegte Petersilie, die Eier, Salz, Pfeffer und Muskat zugeben und alles gut vermischen. Zu winzigen Fleischbällchen von höchstens 2 cm Durchmesser formen und im Öl, möglichst schwimmend, ausbacken. Auf eine Servierplatte geben und erkalten lassen. Vor dem Servieren mit feinen Zwiebelringen anrichten und mit den Oliven garnieren.
Die Götterbällchen können aber auch heiß serviert werden.

Lamm, Hammel, Kalb und Rind

Kuzu, Koyun, Dana ve Sığır

Der Türke unterscheidet das Schaffleisch fein säuberlich nach Lamm und Hammel, und dementsprechend sind auch die vorliegenden Rezepte abgefaßt. Als Grundregel gilt, daß Lammfleisch sich für kurzgebratene Gerichte besser eignet, während bei Eintöpfen der deftigere Hammel vorzuziehen ist.
In manchen Gegenden der Türkei wird auch ausgiebig Ziegenfleisch verwendet. Die Autoren dieses Buches müssen zugeben, bislang in Deutschland noch kein Ziegenfleisch gefunden zu haben. Dennoch ist bei einigen Rezepten ein Hinweis gegeben, wenn das Gericht auch mit Ziegenfleisch schmackhaft zubereitet werden kann.
Rind- und Kalbfleisch steht in der Türkei beim Fleischkonsum an unterer Stelle, da es wenig angeboten wird und vergleichsweise teuer ist. Dennoch wollten wir auf einige wenige Rezepte nicht verzichten.
Hackfleisch wird kaum vom Rind, sondern fast nur aus Schaffleisch hergestellt, wobei zwischen dem mageren Lammhack (vom jungen Tier) und dem etwas fetteren Hammelhack (vom erwachsenen Tier) unterschieden wird. Beim deutschen Metzger werden Sie es jedoch schwer bekommen. Wenn Sie keinen türkischen Metzger in der Nähe haben, sollten Sie sich die Mühe machen, Gehacktes im Fleischwolf selbst herzustellen.
Eine der bekanntesten Fleischspießgerichte der Türkei, das *Döner Kebap* (in Griechenland unter dem Namen »Gyros« bekannt), eignet sich leider nicht für die Herstellung im Privat-

haushalt, da zur Zubereitung ein spezieller, senkrecht stehender Spindelgrill erforderlich ist, den sich auch ein türkischer Haushalt kaum anschafft. Um diesen Spieß wird eine Mischung aus eingelegtem Lamm- und gewürztem Hackfleisch kunstvoll zu einem dicken, länglichen Ballen geschichtet, der sich am Spieß senkrecht vor dem Grill dreht. Die jeweils knusprig geröstete Oberfläche wird mit einem breiten, scharfen Messer abgeschält und z.B. mit Zwiebelsalat, Pilav, Joghurtsoße und Fladenbrot serviert. Falls Sie Döner Kebap nicht schon aus Ihrem Türkei- oder Griechenlandurlaub kennen, sollten Sie nicht versäumen, es einmal in einem Restaurant zu probieren.
Auch Innereien sind begehrte Grundlagen für die unterschiedlichsten Gerichte. Sogar der noch zarte Darm junger Lämmer wird, zusammen mit Hackfleisch, zu einem köstlichen Grillgericht *(Kukeriç)* verarbeitet, das in vielen Städten von fliegenden Händlern als Zwischenmahlzeit angeboten wird. Für Kukeriç aber gilt das gleiche wie für Döner Kebap: Im türkischen Haushalt wird es besonders wegen der aufwendigen Zubereitung nicht hergestellt, man genießt es vielmehr ausschließlich im Restaurant oder an einem Grillstand.
Nur der Vollständigkeit halber soll nochmals wiederholt werden, daß Schweinefleisch in der Türkei auf dem Index steht und nur äußerst selten für in der Türkei lebende Ausländer, z.B. in amerikanischen Geschäften, angeboten wird. Die türkische Küche selbst kennt keine Schweinefleischgerichte.

Lammrücken mit Kräutern
Kuzu rosto

Für 6 Personen
5 Knoblauchzehen,
2 kg küchenfertiger Lammrücken,
¼ l Olivenöl,
knapp ⅛ l Rotwein,
¼ Bund Petersilie, je ½ TL Salbei, Rosmarin, Thymian und Majoran,
1 Lorbeerblatt, Pfeffer, Salz,
100 g Zwiebeln,
⅛ l heiße Fleischbrühe

Die Knoblauchzehen schälen, in Stifte schneiden und den Lammrücken damit spicken. Aus ⅛ l Öl, dem Rotwein, der gehackten Petersilie, den Kräutern, dem zerstoßenen Lorbeerblatt und Pfeffer eine Marinade herstellen und über den Lammrücken gießen. Zugedeckt mindestens 3 Stunden stehen lassen.
Den Backofen auf 225 °C vorheizen. Das restliche Öl in einer feuerfesten Form erhitzen. Den aus der Marinade genommenen Rücken kurz von allen Seiten anbraten, die Marinade zugießen, zum Kochen bringen und sofort in den Backofen schieben. Insgesamt 60 Minuten braten, wobei der Rücken nach 30 Minuten gesalzen, die geschälte und grobgewürfelte Zwiebel zugegeben und von Zeit zu Zeit etwas heiße Fleischbrühe über den Rücken gegossen wird. Aus dem Backofen nehmen und nach 10 Minuten Ruhezeit heiß servieren.

Variation
Dieses Gericht läßt sich ebenso mit Ziegenfleisch zubereiten.

Kümmelfleisch
Kimyonlu et

4 EL Öl, 150 g Zwiebeln, Salz, 8–12 kleine Koteletts vom Lamm, 1 EL Kimyon (gemahlener Kreuzkümmel), 4 Knoblauchzehen, 1 l heißes Wasser

In einem Topf das Öl erhitzen. Die feingeschnittenen Zwiebeln goldgelb rösten, salzen. Die Koteletts einlegen und 25–30 Minuten bei kleiner Hitze braten. Mit dem Kümmelpulver würzen. Die geschälten und ungeschnittenen Knoblauchzehen und das Wasser zugeben und bei kleiner bis mittlerer Hitze ca. 2 Stunden garen. Vor dem Servieren die Knoblauchzehen entfernen oder klein schneiden. Heiß servieren.

Hochzeitsfleisch
Düğün eti

70 g Butter, 150 g Zwiebeln, 4 Lamm- oder Kalbskoteletts, à 150–200 g, 350 g Tomaten, Salz, je 2–3 TL Zimt, Piment und Nelken, ½–¾ l Wasser, 1 EL Olivenöl

In einem Topf die Butter erhitzen. Die feingeschnittenen Zwiebeln goldbraun rösten, die Koteletts zugeben und von beiden Seiten kurz anbraten. Die gehäuteten und feingeschnittenen Tomaten (1 Tomate ungehäutet und ungeschnitten für das Überbacken aufheben) zugeben, salzen und gut 10 Minuten garen, bis die Tomaten soßig werden. Nun Zimt, Piment

und Nelken hinzufügen (bitte verwenden Sie die Gewürze zunächst sparsam und schmecken zum Schluß evtl. noch einmal ab – die Geschmäcker sind verschieden). ½ l Wasser beifügen und bei geschlossenem Topf 1½–2 Stunden fertiggaren, evtl. etwas Wasser nachgießen.
Den Backofen auf 225 °C vorheizen. Das Fleisch aus dem Topf nehmen, in eine feuerfeste Form schichten und die Soße darübergießen. Die übriggelassene Tomate in dünne Scheiben schneiden, darüberlegen, das Olivenöl darübergießen und im Backofen etwa 15 Minuten überbacken. Heiß servieren.
Ein sehr reizvolles Gericht, das nicht nur zu Hochzeiten gegessen wird.

Röstfleisch mit Joghurt
Yoğurtlu kebabı

Für 6 Personen
1 Zwiebel, Salz, 900 g mageres Lammfleisch, in dicke Würfel geschnitten, 2 EL Olivenöl, 6 kleine Pide (Fladenbrote) oder 6 Scheiben Graubrot, im Backofen leicht angeröstet, 100 g Butter, 6 Holzstäbchen oder Schaschlikspieße, 350 g Tomaten, 500 g Sahnejoghurt

Aus der Zwiebel und dem Salz einen Saft herstellen: die Zwiebel sehr fein hacken oder reiben, in eine Tasse geben, mit reichlich Salz vermischen, ¼ Stunde stehen lassen und mit einem Holzlöffel durch ein feines Sieb passieren.
Das Fleisch in eine Schüssel geben. Olivenöl und Zwiebelsaft darübergießen und zugedeckt 1 Stunde stehen lassen. Die Pide oder das geröstete Graubrot in dicke Würfel schneiden. Die Butter leicht erwärmen, dabei schaumig rühren, über die Pide gießen und im Backofen warm halten (1 EL Butter übrig lassen).
Das Fleisch sehr locker, mit Zwischenräumen, auf die Spieße geben und unter Wenden gar grillen. Inzwischen die Tomaten häuten, sehr fein hacken und bei kleiner Hitze in einer Pfanne unter gutem Rühren ca. 10 Minuten angaren (1 Tomate ungeschält aufheben).
Das Brot aus dem Backofen auf eine Servierplatte geben, die Tomatenmasse darübergießen. Das Fleisch von den Spießen streifen und ebenfalls auf der Servierplatte anrichten. Den Joghurt kurz verrühren (Sie können nach Geschmack Salz oder zerdrückten Knoblauch zugeben), über das Gericht gießen und die restliche Butter noch darübergeben. Das mit der übrigen Tomate garnierte Gericht heiß servieren.

Hinweis
Diese für uns ungewöhnliche Zusammenstellung von Joghurt und Hauptgerichten ist äußerst reizvoll und sollte unbedingt einmal probiert werden. Es gibt in der Türkei unzählige Speisen, die auf ähnliche Weise zubereitet werden. Achten Sie aber bitte darauf, daß Sie einen möglichst festen Sahnejoghurt verwenden, der dem Geschmack des türkischen Joghurts am nächsten kommt.

Röstfleisch nach Art der Stadt Halep
Halep işi kebap

Für 6 Personen
1 Zwiebel, Salz, 900 g mageres Lamm- oder Ziegenfleisch, in ca. 1 cm dicke Würfel geschnitten, 6 kleine Pide (Fladenbrote) oder 6 Scheiben Graubrot, im Backofen leicht angeröstet, 100 g Butter, 10 Peperoni, 250 g Tomaten, Salz, ½ Bund frischer Thymian, ½ Bund Petersilie, 6 Holzstäbchen oder Schaschlikspieße

Aus Zwiebel und Salz einen Saft herstellen: die Zwiebel sehr fein hacken oder reiben, in eine Tasse geben, mit reichlich Salz vermischen, ¼ Stunde stehen lassen und mit einem Holzlöffel durch ein feines Sieb pressen. Das Fleisch darin 1 Stunde marinieren.
Die Pide oder das im Backofen geröstete Graubrot in dicke Würfel schneiden, die schaumig gerührte Butter darübergießen und im Backofen warm halten (1 EL Butter übrig lassen).
Das Fleisch sehr locker, mit Zwischenräumen, auf die Spieße geben und unter Wenden gar grillen. Gleichzeitig die Peperoni auf den Grill legen, von allen Seiten grillen, bis sich die Haut weißlich abhebt. Vom Grill nehmen, die Haut abziehen, in dicke Scheiben schneiden. Inzwischen die Tomaten häuten, sehr fein hacken und in einer Pfanne bei kleiner Hitze unter Rühren ca. 10 Minuten angaren.
Das Brot auf eine Servierplatte geben, die Tomatenmasse darübergießen.
Das Fleisch von den Spießen ziehen, ebenfalls auf die Servierplatte schichten. Darüber die Peperonistücke legen. Alles mit Salz, feingehacktem Thymian und Petersilie würzen und die übriggelassene Butter darübergeben.

Mit Zwiebeln und Lattich gedünstetes Fleisch
Kuzu kapama

12 grüne, junge Zwiebeln,
300 g frischer Mangold,
300 g frischer Lattich (Kopfsalat),
60 g Möhren, 80 g Zwiebeln,
knapp ½ l Wasser, 1 TL Zucker,
70 g Butter, Salz, 900 g kleine Lamm- oder Ziegenkoteletts,
knapp 1 EL Mehl, 1 Bund Dill

In einen Topf die feingeschnittenen Zwiebeln, die ebenfalls geschnittenen Mangold- und Lattichblätter, die feingeschnittenen Möhren, die geachtelte Zwiebel, das Wasser, den Zucker, 30 g Butter, Salz und die Koteletts geben und zum Kochen bringen. Im geschlossenen Topf bei kleiner Hitze in knapp 1½ Stunden gar kochen. Das Mehl mit etwas Wasser glattrühren und zugeben, umrühren, 5 Minuten kochen lassen. Den feingewiegten Dill zugeben, einmal aufkochen lassen und heiß servieren.

Variation
Die Soße können Sie variieren: Das Mehl mit 2 Eigelb glattrühren, den Saft von 1 Zitrone und 4 EL der Soße des Gerichts zugeben, gleichmäßig verrühren und über das Gericht gießen.

Gärtnerfleisch

Foto

Bahçivan kebabı

Für 6 Personen

80 g Margarine, 900 g nicht zu mageres Lamm- oder Hammelfleisch ohne Knochen, in dicke Würfel geschnitten, 200 g grüne Zwiebeln oder Gemüsezwiebeln,
300 g Tomaten,
50 g grüne Paprikaschote,
¾ l Wasser, Salz,
200 g Kürbis oder Honigmelone,
50 g grüner Pfeffer aus der Konserve,
150 g grüne Erbsen aus der Dose,
1 Bund Dill

In einem Topf die Margarine erhitzen und das Fleisch von allen Seiten anbraten. Die feingeschnittenen Zwiebeln dazugeben und unter Rühren 8 Minuten weiterbraten. Die Tomaten häuten, fein hacken und zugeben. In Streifen geschnittene Paprikaschote beifügen, und mit dem Wasser ablöschen, salzen. Etwa 2 Stunden garen, bis das Fleisch weich ist. Nun den gewürfelten Kürbis oder die Honigmelone, den grünen Pfeffer und die Erbsen (gut abgetropft) zugeben und weitere 10 Minuten dünsten. Abschmecken, den feingehackten Dill darüberstreuen und heiß servieren.

Gekochtes Lamm
Haşlama

Für 6 Personen
2½ l Wasser, 2 Möhren, 100 g Sellerie, 15 kleine, grüne Zwiebeln, 900 g mageres Lammfleisch mit Knochen (vom Metzger in 5 cm dicke Würfel schneiden lassen), Salz, 4 Kartoffeln, frische Minze

In einem Topf das Wasser zum Kochen bringen. Möhren, Sellerie und Zwiebeln in dicke Würfel oder Scheiben schneiden und zusammen mit dem Fleisch und den Knochen zugeben. Salzen und knapp 2 Stunden garen. Dabei den sich bildenden Schaum abschöpfen und den Topf nach ca. 15 Minuten schließen. Die in dünne Scheiben geschnittenen Kartoffeln zugeben und in weiteren 35 Minuten fertiggaren. Vom Feuer nehmen, mit gehackter Minze überstreuen und heiß servieren.

Hirtenfleisch
Çoban kebabı

Für 6 Personen
50 g Butter, 250 g Schalotten, 900 g mageres Lammfleisch, in etwa 4–5 cm dicke Würfel geschnitten, einige Knochen vom Lamm, 350 g Tomaten, 15 Knoblauchzehen, Salz, 600 g Kartoffeln, ½ l Wasser, 1 Bund frischer Dill

In einem Topf die Butter erhitzen. Die geschälten und geviertelten Schalotten zusammen mit Fleisch und Knochen zugeben und kurz anbraten. Die gehäuteten, in Viertel geschnittenen Tomaten und die geschälten, aber ungeschnittenen Knoblauchzehen hineingeben, salzen, gut umrühren und bei geschlossenem Topf und mittlerer Hitze 25–30 Minuten schmoren lassen. Danach die geschälten und in 4–6 Teile geschnittenen Kartoffeln zusammen mit dem Wasser hinzugeben, wieder zum Kochen bringen und bei geschlossenem Topf fertiggaren. Die Knochen herausnehmen und weggeben. Das Hirtenfleisch mit feingewiegtem Dill überstreuen und heiß servieren.

Hinweis
Bei diesem Gericht sollten Sie unseren Knoblauchtip anwenden (Seite 18). Gut schmeckt das Gericht auch mit Ziegenfleisch.

Jägerfleisch
Avcı kebabı

Für 6 Personen
80 g Margarine, 250 g Zwiebeln, 900 g Schaffleisch, in grobe Würfel geschnitten, einige Knochen vom Lamm oder Hammel, 300 g Tomaten, Salz, ¾ l heißes Wasser, 400 g Kartoffeln, 400 g Möhren, 25 g grüner Pfeffer aus der Dose

In einem Topf die Margarine erhitzen. Die grobgeschnittenen Zwiebeln kurz anbraten, Fleisch, Knochen und gehäutete, geviertelte Tomaten zugeben und 25 Minuten unter Rühren anbraten. Salzen und das heiße Wasser zugeben. Den Topf schließen und bei Mittelhitze 1 Stunde kochen. Danach die Knochen herausnehmen und weggeben. Die geschälten Kartoffeln in 6–8 Teile schneiden, die gesäuberten Möhren würfeln, zugeben und in 1 Stunde fertiggaren, wobei 10 Minuten vorher noch der grüne Pfeffer zugegeben wird.

Variation
Wenn Sie frischen, gehackten Thymian darüberstreuen, heißt das Gericht Försterfleisch (Orman kebabı).

Röstfleisch am Spieß
Şiş kebabı

1 Zwiebel, Salz, 500 g mageres Hammelfleisch, in dicke Würfel geschnitten, 1 EL Olivenöl, 4 Holzstäbchen oder Schaschlikspieße, ½ Bund frischer Thymian

Aus der Zwiebel und dem Salz einen Saft herstellen: die Zwiebel sehr fein hacken oder reiben, in eine Tasse geben, mit reichlich Salz vermischen, ¼ Stunde stehen lassen und mit einem Holzlöffel durch ein Sieb pressen. Das Fleisch in eine Schüssel geben. Olivenöl und Zwiebelsaft darübergießen und zugedeckt 1 Stunde stehen lassen. Anschließend sehr locker, mit Zwischenräumen, auf die Spieße stekken und auf dem Kohlen- oder Elektrogrill unter Wenden garen. Beim Servieren nochmals etwas nachsalzen und mit gehacktem Thymian überstreuen.

Hinweis
Bitte geben Sie auf die Spieße nicht – wie vom Schaschlik gewöhnt – gleichzeitig Tomaten, Zwiebeln usw. Sie werden feststellen, daß beim Grillen das Fleisch sonst zäh wird. Wollen Sie zu dem Gericht gegrilltes Gemüse servieren, so nehmen Sie dazu gesonderte Spieße.

Kebap mit Reis
Sade şiş kebabı

Für 2 Personen
500 g fettloses Lammfleisch, in etwa 3–4 cm dicke Würfel geschnitten, 150 g Sahnejoghurt, Saft von 1 Zitrone, Salz, weißer Pfeffer, 1 Prise Safran, 100 g Zwiebeln, 4 EL Öl, 2 Tomaten, ½ Rezept Sade pilav (Seite 96), 40 g Butter, 2 Eigelb

Die Fleischwürfel in eine Schüssel legen. Aus Joghurt, Zitronensaft, Salz, Pfeffer, Safran und den geriebenen (nicht gehackten) Zwiebeln eine Marinade rühren und über das Fleisch gießen. Zugedeckt 8 Stunden stehen lassen.
Das Fleisch herausnehmen, abtropfen lassen und auf Metallspieße stecken. In einer Pfanne das Öl erhitzen und die Fleischspieße 15 Minuten von allen Seiten braun braten. Gleichzeitig im Backofen die Tomaten grillen. Auf zwei Tellern den Reis, Butter, Tomaten, Eigelb und die Fleischspieße anrichten. Das Eigelb rührt man sich selbst in den Reis ein.

Gegrillte Lammrippchen
Pirzola

Foto

Für 4–6 Personen
1 kg Pirzola (Lammrippchen vom jungen Tier, beim türkischen Metzger erhältlich), 100 g Kekik (Thymian-Gewürzmischung, ebenfalls beim türkischen Metzger oder im türkischen Lebensmittelgeschäft erhältlich), Salz, Pfeffer, 5 TL gemahlener Kreuzkümmel

Die Lammrippchen mit der Thymian-Gewürzmischung einreiben und einige Stunden durchziehen lassen. Dann zusätzlich mit Salz, Pfeffer und Kreuzkümmel einreiben und anschließend auf dem (Holzkohlen-)Grill wenige Minuten auf jeder Seite grillen. Innen soll das Fleisch noch rosa sein. Sofort servieren.
Die Rippchen werden direkt vom Rost, am liebsten aus der Hand, gegessen. Dazu kann man Hirtensalat (Seite 29), Weißbrot und Tomatenreis (Seite 96) oder Weizenschrotgrütze (Seite 99) servieren.

Fleisch im Auberginenmantel
Bostan kebabı

Für 6 Personen
6 große Auberginen, möglichst rund und gleich groß,
200 g Butter,
500 g sehr mageres Lammfleisch, in 1 cm dicke Würfel geschnitten,
150 g Zwiebeln,
Salz, Pfeffer,
300 g Tomaten, ¾ l Wasser,
2 Peperoni, scharf oder mild, rot oder grün

Die Auberginen dünn schälen, an beiden Seiten die Kappe abschneiden und in eine Porzellanschüssel geben. Ganz mit kaltem Salzwasser bedecken und 20 Minuten stehen lassen. Herausnehmen, das Wasser wegschütten. Die Auberginen halb aushöhlen, damit sie gefüllt werden können. Das herausgeschabte Auberginenfleisch weggeben oder für ein anderes Gericht verwenden.
150 g Butter in einer Pfanne erhitzen und die Auberginen schnell von allen Seiten anbräunen. Mit der ausgehöhlten Seite nach oben in eine feuerfeste Form stellen. Die Butter wegschütten. 50 g neue Butter in einer Pfanne erhitzen, das Fleisch und die feingehackten Zwiebeln anbräunen, salzen und pfeffern. Die Tomaten häuten,sehr fein schneiden und zugeben (1 Tomate ungehäutet und ungeschnitten zum Überbacken aufheben). Langsam mit dem Wasser ablöschen und wieder zum Kochen bringen. Die Pfanne schließen und bei kleiner Hitze 1½–2 Stunden garen, bis alles weich ist. Die Fleischstücke in die Auberginen füllen, die Soße noch im Topf lassen. Auf jede Aubergine Tomatenscheiben und die in Streifen geschnittenen Peperoni gleichmäßig verteilen und die Soße darübergießen.
Im vorgeheizten Backofen bei 175 °C 25–30 Minuten überbacken.

Röstfleischeintopf
Tas kebabı

900 g mageres Lammfleisch ohne Knochen,
60 g Butter, 250 g Zwiebeln,
250 g Tomaten, Salz,
knapp ¾ l Wasser

Das Fleisch in haselnußgroße Würfel schneiden. In einem Topf die Butter erhitzen und das Fleisch von allen Seiten kurz anbraten. Mit einem Schaumlöffel herausnehmen und beiseite stellen. In der im Topf verbliebenen Butter die sehr fein geschnittenen Zwiebeln goldgelb rösten. Die enthäuteten und ebenfalls sehr fein gehackten Tomaten zugeben, salzen, einige Minuten andünsten und das Fleisch wieder zugeben. Langsam mit dem Wasser ablöschen, aufkochen lassen, den Deckel schließen und bei kleiner Hitze in etwa 1½ bis 2 Stunden gar kochen. Heiß servieren.

Variation
Joghurt-Röstfleisch (Yoğurtlu tas kebabı): 300 g Sahnejoghurt mit 4–6 zerdrückten Knoblauchzehen und etwas Salz gut vermischen und über das Gericht gießen.

Röstfleisch mit Auberginen
Patlıcan kebabı

Für 6 Personen
600 g Auberginen (nicht zu groß),
Salz, 40 g Margarine,
4 EL Sonnenblumenöl,
900 g Lammfleisch ohne Knochen,
in 2 cm dicke Würfel geschnitten,
200 g Zwiebeln,
200 g Tomaten oder
1 EL Tomatenmark,
grobgemahlener schwarzer Pfeffer,
½–¾ l heißes Wasser

Die Auberginen ungeschält vierteln und in 2 cm lange Stücke schneiden. In eine Porzellanschüssel geben, mit kaltem Salzwasser ganz bedecken und ½ Stunde ziehen lassen. In einer Pfanne die Margarine und das Sonnenblumenöl gleichzeitig erhitzen, verrühren und die gut abgetropften Auberginen darin anrösten, herausnehmen und beiseite stellen. Im gleichen Fett bei starker Hitze das Fleisch von allen Seiten anrösten, anschließend in einen Topf schichten, wobei das Fett in der Pfanne verbleibt. Darin die grobgehackten Zwiebeln goldgelb anrösten, die gehäuteten und sehr fein geschnittenen Tomaten (bzw. das Tomatenmark) zugeben, kurz dünsten und in den Topf zu dem Fleisch geben, pfeffern und salzen. ½ l heißes Wasser bei gleichzeitigem Erhitzen des Gerichts langsam unter Rühren zugießen, in ca. 30 Minuten bißfest garen. Evtl. weiteres heißes Wasser nachgießen. Nun die Auberginen hinzufügen und weitere 30 Minuten garen. Heiß servieren.

Sahnefleisch
Kremalı kebap

60 g Margarine,
900 g mageres Lamm- oder
Hammelfleisch ohne Knochen,
in 1–2 cm dicke Würfel geschnitten,
200 g Zwiebeln,
250 g Tomaten oder
2 EL Tomatenmark,
Salz,
½ l heißes Wasser
Für die Soße:
30 g Margarine,
3 EL Mehl,
⅛ l Milch,
⅛ l Sahne, Salz

In einem Topf die Margarine erhitzen. Das Fleisch und die grobgehackten Zwiebeln zugeben und 20–30 Minuten bei schwacher Hitze rösten. Die gehäuteten, sehr fein geschnittenen Tomaten (bzw. das Tomatenmark) zugeben und unter ständigem Rühren dünsten, bis die Tomaten soßig werden. Salzen und ¼ l heißes Wasser zugeben, ½ Stunde kochen. Nochmals ¼ l heißes Wasser hinzufügen und so lange bei offenem Topf kochen, bis das Wasser verdunstet ist.
Für die Soße in einer Pfanne die Margarine erhitzen, das Mehl schnell einrühren, nicht gelb werden lassen. Die Milch sehr langsam zugießen, weiterrühren, anschließend die Sahne ebenfalls langsam beigeben und leicht schlagen, bis die Soße cremig wird. Etwas salzen. Über das Gericht geben, noch einmal kurz aufkochen lassen, jedoch nicht mehr umrühren. Heiß servieren.

Hackfleischspieß
Şiş köfte

750 g Hackfleisch, 150 g Zwiebeln, Salz, Pfeffer, 1 Eigelb, Holzspieße

Das Hackfleisch in eine Schüssel geben. Die Zwiebel darüberreiben (bitte nicht hacken), salzen, pfeffern, das Eigelb hinzugeben und alles sehr gut verkneten. Die Masse in knapp eigroße Stücke aufteilen. Jedes Stück auf einen Spieß ziehen und zu einer länglichen Wurst formen. Gut andrücken. Auf einem Holzkohlen- oder Elektrogrill auf jeder Seite gute 4 Minuten grillen.
Mit Hirten- oder Serail-Salat (Seite 29 oder 33) servieren.

Izmir-Hackfleischbällchen
Izmir köftesi

600 g Hackfleisch,
1 mittelgroße Zwiebel,
120 g Brot oder Brötchen ohne Rinde, in Wasser eingeweicht,
1 Bund Petersilie,
2 Eigelb, Salz,
Pfeffer, 50 g Margarine,
350 g Tomaten, ½ l Wasser

Das Hackfleisch in eine Schüssel geben. Die Zwiebel darüberreiben (bitte nicht hacken), das ausgedrückte Brot dazugeben, die feingewiegte Petersilie und die Eigelb darübergeben, salzen, pfeffern und alles sehr gut vermengen. Aus der Masse kleine Fleischbällchen mit einem Durchmesser von 2–3 cm formen. In einer Pfanne die Margarine erhitzen, die Fleischbällchen hineingeben und von allen Seiten bräunen.
Inzwischen die Tomaten häuten, fein schneiden und dazugeben, wenn die Fleischbällchen fast gar sind. Das Wasser zugeben und die Soße gut verrühren. Ca. 15 Minuten köcheln lassen, bis die Soße eingedickt ist. Heiß servieren.

Frauenschenkel
Kadınbudu köfte

250 g Zwiebeln, 600 g Hackfleisch, 70 g gekochter Reis, 75 g geriebener Käse (entweder türkischer Kaşar peyniri oder Gouda), 1 Bund Petersilie, 1 Bund Dill, 1 EL getrockneter Thymian, Salz, Pfeffer, 100 g Mehl, 3 Eier, 8–10 EL Sonnenblumenöl

Die Zwiebel über das Hackfleisch reiben (bitte nicht hacken). Reis, Käse, feingewiegte Petersilie und Dill, Thymian, Salz und Pfeffer darübergeben und alles sehr gut verkneten. Die Masse in eigroße Stücke teilen und zu länglichen Gebilden formen, die bei etwas Phantasie einem Oberschenkel ähneln (daher auch der Name Frauenschenkel).
Das Mehl in einen flachen Teller geben und die Fleischstücke zuerst darin und danach in den schaumig gerührten Eiern wenden. Das Öl erhitzen und Fleischstücke ausbacken. Die Frauenschenkel werden mit gebackenen Kartoffeln und Tomatenscheiben heiß serviert.

Hausgemachte Hackfleischtaschen
Mantı

Eine mittelanatolische Spezialität, die wegen ihrer aufwendigen Herstellung vielerorts bereits fast in Vergessenheit geraten ist. In modernen türkischen Gebieten, wo das Leben heutzutage fast ebenso hektisch wie bei uns geworden ist und wo für die meist berufstätige Frau des Hauses Zeit kostbar wurde, stellt man Mantı oft mit Fertignudeln (Hörnchen) her, in die man die Fleischmasse einfüllt. Das geht zwar schnell, schmeckt aber naturgemäß nicht annähernd so gut wie nachfolgendes Originalrezept.

Für 8 Personen
Für den Teig: 400 g Mehl,
1 Prise Salz, 2 Eigelb,
2–3 EL lauwarmes Wasser
Für die Füllung: 4–5 grüne Zwiebeln,
250 g Hackfleisch vom Lamm,
1 EL feingehackter Dill, Salz,
frisch gemahlener grober Pfeffer,
1–2 TL scharfes oder
süßes Paprikapulver,
grüne Pfefferkörner
Für die weitere Zubereitung: 2 Eiweiß,
1 l kochende Fleischbrühe Seite 22),
6–8 Knoblauchzehen,
500 g Joghurt, Salz, 5 EL Butter,
2 TL scharfes oder mildes
Paprikapulver

Das Mehl in eine Schüssel geben, mit dem Salz vermischen, die Eigelb und das Wasser langsam zugeben und alles zu einem festen Teig verkneten. Zugedeckt ½ Stunde bei Zimmertemperatur ruhen lassen. In der Zwischenzeit für die Füllung die Zwiebeln sehr fein hacken, mit dem Hackfleisch und dem Dill vermischen und mit Salz, Pfeffer und Paprikapulver abschmekken.
Nun den Teig fein ausrollen und in ca. 3 cm breite Quadrate schneiden. Auf die einzelnen Quadrate jeweils ca. 1 TL der Füllung geben und je 1 grünes Pfefferkorn eindrücken. Die Ränder der Quadrate mit einem Pinsel mit verquirltem Eiweiß bestreichen, diagonal zusammenklappen und gut andrücken.
Den Backofen auf 200 °C vorheizen. Die Hackfleischtaschen in eine Reine schichten, mit der kochenden Fleischbrühe aufgießen und im Backofen in ca. 45 Minuten garen. Dabei die Temperatur nach ca. 15 Minuten auf 150 °C herabschalten.
In der Zwischenzeit die Knoblauchzehen im Mörser zerstoßen und zusätzlich fein wiegen. Mit dem Joghurt vermischen und leicht salzen. In einem Pfännchen die Butter erhitzen, von der Kochstelle nehmen, das Paprikapulver einrühren, auf die Kochstelle zurückgeben und einmal aufwallen lassen. Die Hackfleischtaschen mit einem Schaumlöffel auf tiefe Eßteller verteilen, jeweils 1–2 EL Knoblauchjoghurt darübergeben und die Paprikabutter hinzugießen.

Anmerkung
Aus der Familie des Verfassers ist bekannt, daß dieses Gericht von der Großmutter gerne zu Festen zubereitet wurde und ihre Gäste wahre Unmengen auf ihre Teller luden. Nicht

nur, weil das Gericht so gut schmeckte, sondern vor allem, weil sie statt des Pfefferkorns in eines der Teigtaschen ein kleines Goldstück zu verstecken pflegte – was jeder Gast, besonders die immer zahlreich anwesenden Kinder, gerne erhaschen wollte.

Albanische Leber

Foto

Arnavut ciğeri

500 g Lammleber, 3 EL Mehl, Salz, grob zerstoßener schwarzer Pfeffer, 4 EL Pflanzenöl, 1 Zitrone, 2 Tomaten

Die Leber waschen, abtropfen lassen und in ca. 2 cm dicke Würfel schneiden. Mehl, Salz und Pfeffer vermischen und die noch leicht feuchten Leberstücke in dieser Panade wälzen. Das Öl erhitzen und die Leberwürfel bei starker Hitze von allen Seiten knusprig braten. Die Zitrone filetieren oder schälen und in hauchdünne Scheiben schneiden, die Tomaten vierteln, salzen und alles zusammen anrichten.
Als Beilage zu diesem Gericht gehöhrt in jedem Fall der Zwiebelsalat von Seite 29.

Nierenpfanne
Böbrek tavası

Für 3 Personen
150 g Lamm- oder Kalbsnieren,
3 EL Öl,
100 g Zwiebeln,
300 g Hackfleisch vom Schaf oder Rind,
1 mittelgroße Aubergine,
4 Tomaten,
3 grüne, milde Peperoni,
3 rote, milde Peperoni,
Salz,
frisch gemahlener schwarzer Pfeffer,
½ TL Majoran,
150 g Sahnejoghurt

Die Nieren in einer Schüssel 1 Stunde wässern. Das Öl in einer Pfanne erhitzen und die geschälten und in Ringe geschnittenen Zwiebeln und das Hackfleisch anbraten. Die gewaschene und vom Stiel befreite Aubergine der Länge nach vierteln und in grobe Würfel schneiden. Die Tomaten häuten und in Scheiben schneiden. Die grünen und roten Peperoni in Ringe schneiden und zusammen mit den Auberginen- und Tomatenscheiben zu dem Hackfleisch geben. Mit Salz, Pfeffer und Majoran abschmecken und das Gericht knappe 20 Minuten bei kleiner Hitze schmoren lassen. Die mit Küchenkrepp abgetrockneten Nieren in Scheiben schneiden, ebenfalls in die Pfanne geben und das Gericht weitere 15 Minuten schmoren lassen. Den Joghurt glattrühren und über das Gericht geben. Nicht mehr durchrühren. Die Nierenpfanne sofort servieren.

Geschmorte Nieren
Böbrek sotesi

500 g Jungrind-Nieren,
½ l Wasser,
Salz, feingemahlener weißer Pfeffer,
1 EL Olivenöl,
40 g Margarine
Für die Soße: 50 g Butter, 1 EL Mehl, knapp ¼ l Fleischbrühe (Seite 22),
3 EL herber Rotwein,
¼ Bund Petersilie

Die Nieren wässern, häuten und in 1 cm dicke Würfel schneiden. In einem Topf das Wasser zum Kochen bringen, die Nierenwürfel hineingeben und gut 3 Minuten durchkochen lassen. Auf einem Sieb abtropfen lassen, salzen und pfeffern, das Wasser wegschütten. In einer Pfanne Öl und Margarine gleichzeitig erhitzen, die Nierenwürfel darin 5 Minuten von allen Seiten scharf anbraten. Wieder abtropfen lassen und das Fett wegschütten (durch diese Prozedur verlieren die Nieren ihren oft unangenehmen Geruch).
Für die Soße 40 g Butter erhitzen, das Mehl unter ständigem Rühren mit dem Schneebesen langsam einrieseln und goldbraun anschwitzen lassen. Unter weiterem Rühren die Fleischbrühe löffelweise zugießen und 4–5 Minuten köcheln lassen. Die restliche Butter einrühren, den Rotwein dazugießen und die Nieren untermischen. Bei schwacher Hitze weitere 5 Minuten köcheln lassen. Die Petersilie hacken, einrühren und das fertige Gericht vor dem Servieren noch einige Minuten ruhen lassen.

Herzragout
Yürek sotesi

500 g Lammherz (ersatzweise Rinderherz),
2 Zwiebeln,
3 EL Margarine,
4 reife Tomaten,
3–4 milde Peperoni,
Salz,
gemahlener weißer Pfeffer,
1 Prise Rosmarin,
½ TL Basilikum,
2 EL Rotwein

Das Herz von Fett und Sehnen befreien, in ca. 2 cm dicke Würfel schneiden. Die Zwiebeln schälen, halbieren und in feine Ringe schneiden. Beides in der Margarine von allen Seiten anbraten. Die Tomaten häuten und hakken, die Peperoni in Ringe schneiden, beides zugeben, salzen, pfeffern und ca. 1½–2 Stunden bei kleiner Hitze köcheln lassen. Das Gericht von der Kochstelle nehmen, Rosmarin, Basilikum und Rotwein unterrühren und vor dem Servieren noch kurz ruhen lassen.

Hinweis
Wenn Sie Rinderherz verwenden, kann sich die Kochzeit noch erhöhen.

Kutteln mit Kichererbsen
Nohutlu işkembe

250 g Kichererbsen, 500 g Kutteln, vom Metzger bereits gesäubert und vorgekocht, 2 Gemüsezwiebeln, 2 reife Tomaten, 30 g Margarine, 1–2 EL Salça (türkisches Tomatenmark), Salz, gemahlener weißer Pfeffer, einige schwarze oder grüne Pfefferkörner, ¾ l heißes Wasser, ½ Bund Dill

Die Kichererbsen über Nacht in kaltem Wasser gut bedeckt einweichen. Die Kutteln waschen, trocken tupfen und in ca. 2 cm breite und knapp fingerlange Stücke schneiden. Die Zwiebeln und Tomaten häuten und fein hacken.
In einem Topf die Margarine zerlassen und die Zwiebeln kurz anschwitzen. Die Salça einrühren. Tomaten, Kutteln und Kichererbsen beifügen und unter Rühren einige Minuten anschmoren. Salzen, pfeffern, die Pfefferkörner beifügen und mit dem heißen Wasser aufgießen. Unter gelegentlichem Umrühren bei mittlerer Hitze in ca. 1½ Stunden gar kochen. Vor dem Servieren mit gehacktem Dill bestreuen. Dieses Gericht wird gerne zusammen mit Pilav (Seite 96) serviert.

Wild und Geflügel

Av hayvanları yemekleri

Reh, Hirsch und Fasan sind besonders kostspielige Leckereien der Türken und der Oberschicht oder dem zufälligen Jäger vorbehalten, da es leider nicht mehr viel freilebendes Wild in der Türkei gibt und der Import gleich Null ist.
Hühnchen werden außerordentlich gerne gegessen und sind beim Kauf recht teuer. So hält sich ein Türke, auch wenn er nur ein paar Quadratmeter Grundstück hat, selbst in einer Großstadt lieber ein paar Hühner, als daß er seinen Garten mit einem zwar hübschen, aber pflegeintensiven und nicht wirtschaftlichen grünen Rasen bepflanzen würde.
Truthähne sind ein typisches Neujahrsgericht und werden ebenfalls oft selbst gezogen.

Ein wenig Humor
Nasreddin Hodscha, hintergründig – humorige Gestalt türkischen Humors, vergleichbar mit dem bayerischen Karl Valentin, bekam eines Tages von einem Nachbarn ein besonders leckeres Geflügel-Rezept verraten. Flugs ging der Hodscha zum Markt, um ein besonders schönes Hühnchen zu kaufen, damit er alsbald diese Köstlichkeit genießen könne. Auf dem Rückweg vom Einkauf aber stahl ein großer Schafshund das Hühnchen und machte sich davon. »Du gemeiner Strolch« rief der Hodscha ihm nach, »aber du wirst kein Vergnügen an deinem Diebesgut haben, denn du vergaßest, auch das Rezept zu stehlen . . .«

Gebratener Hirsch
Karaca kebabı

Für 6 Personen
1½ kg Hirsch- oder Rehfleisch mit Knochen, in etwa 4 cm dicke Würfel geschnitten,
100 g Zwiebeln,
100 g Sellerie,
75 g Möhren,
2 Lorbeerblätter,
¼ l Weißwein,
⅛ l Weinessig,
Salz, feingemahlener schwarzer und weißer Pfeffer,
100 g Margarine,
¾ l Wasser,
1 Bund Petersilie,
1 EL Olivenöl

Die Fleischwürfel in eine Schüssel legen. Die feingehackten Zwiebeln, die gesäuberten und in Würfel geschnittenen Sellerie und Möhren, Lorbeerblätter, Wein und Essig zugeben, salzen, pfeffern und alles gut vermischen. An einem kühlen Ort (aber nicht im Kühlschrank) zugedeckt 10–12 Stunden marinieren lassen und gelegentlich umrühren.
In einem Topf die Margarine erhitzen. Das Fleisch aus der Schüssel nehmen, von allen Seiten kurz anbraten. Das Gemüse mit der Marinade aus der Schüssel zugeben und weitere 10 Minuten bei starker Hitze schmoren. Mit dem Wasser ablöschen und das Bund Petersilie ungeschnitten und gut zusammengebunden einlegen. Den Topf schließen und knapp 2 Stunden bei kleiner Hitze garen. Wasser nachgießen.
Das Fleisch herausnehmen und auf eine Platte legen. Die Petersilie herausnehmen und wegwerfen. Die Gemüsemasse unter Zugabe des Olivenöls durch ein Sieb passieren und über das Fleisch gießen. Heiß servieren.

Gebratener Fasan
Sülün

Für 2 Personen
1 küchenfertiger Fasan (möglichst weiblich, da wohlschmeckender),
1 TL Salz, 1 TL Pfeffer,
2 TL Delikateßpaprika,
4 EL Margarine, 2 EL Butter,
1 EL sehr fein gehackte Zwiebeln,
2 EL Wasser, 2 EL Cognac,
1 EL Weißwein,
2 EL Sahne, 1 EL Öl,
2 Scheiben entrindetes Toastbrot

Den Fasan mit Salz, Pfeffer und Paprikapulver gründlich einreiben. In eine Reine legen, die Margarine dazugeben und im Backofen bei 180 °C ca. 1¼ Stunde braten. Dabei öfter wenden und mit der Margarine begießen.
Für die Soße kurz vor Ende der Bratzeit in einer Pfanne die Butter erhitzen, die Zwiebeln kurz anbraten, mit Wasser, Cognac und Weißwein ablöschen. Von der Kochstelle nehmen, die Sahne einrühren und warm stellen.
In einer anderen Pfanne das Öl erhitzen und das in Würfel geschnittene Toastbrot von allen Seiten anbräunen.
Den Fasan aus der Reine nehmen, halbieren, die Soße darübergießen und mit den Toastbrotwürfeln anrichten.

Rebhuhn auf Reis
Keklik

2 küchenfertige Rebhühner mit Herz und Leber, Salz, Pfeffer, 1 TL Thymian, 50 g Margarine
Für den Pilav (Hinweise Seite 96):
200 g Reis (1 Maßeinheit),
lauwarmes Salzwasser
zum Vorbereiten,
80 g Butter,
300 g Hühnerbrühe (1½ Maßeinheit),
½ g Safranfäden (½ Stunde in wenig Wasser eingeweicht),
1 EL geschälte ganze Mandeln,
50 g junge, grüne Erbsen
aus der Dose, Salz,
1 TL Pistazienkerne

Die Rebhühner halbieren und mit Salz, Pfeffer und Thymian einreiben. Herz und Leber zur Seite legen. Die Rebhühner in eine Reine legen, die Margarine dazugeben und im Backofen bei 175 °C ca. 1¼ Stunde braten. Dabei öfter wenden und mit der Margarine begießen.
Den Reis in eine Schüssel geben. Mit lauwarmem Salzwasser übergießen, erkalten lassen, auf ein Sieb schütten und gut abtropfen lassen. Das Wasser wegschütten. In einem Topf die Butter erhitzen, den Reis zugeben und bei starker Hitze unter ständigem Rühren 10 Minuten anbraten. Hühnerbrühe und Safran zugießen, Mandeln und Erbsen einrühren und salzen. Herz und Leber der Rebhühner von Fett und Sehnen befreien, fein würfeln und ebenfalls zugeben. Bei offenem Topf und mittlerer Hitze unter ständigem Rühren kochen, bis das Wasser verdunstet ist. Auf kleinste Hitze schalten, den Topf mit einem Küchentuch und dem Deckel verschließen und den Reis weitere 20 Minuten, ohne umzurühren, garen lassen. Auf einem Servierteller anrichten und die Rebhuhnhälften dazugeben.

Gebrühter Puter mit Gemüsen
Hindi haşlaması sebzeli

Für 8 Personen
1 Puter (ca. 2 kg) oder 8 Putenteile, à ca. 200–250 g,
2½ l Wasser,
Salz,
100 g grüne, junge Zwiebeln,
300 g Kartoffeln,
100 g Sellerieknolle,
200 g Möhren,
30 g Reis,
70 g junge Erbsen aus der Dose,
½ Bund Petersilie

Den Puter säubern, ausnehmen und in 8 Teile schneiden. In einem Topf das Wasser zum Kochen bringen, salzen, die Putenteile hineinlegen und bei mittlerer Hitze kochen. Den sich beim Kochen bildenden Schaum abschöpfen. Nach 1 Stunde Kochzeit die grobgehackten Zwiebeln sowie die gesäuberten und gewürfelten Kartoffeln, Sellerie und Möhren zusammen mit dem Reis zugeben und in weiteren 30 Minuten gar kochen. Vom Feuer nehmen, die Erbsen und die feingehackte Petersilie einrühren, das Gericht abschmecken, noch kurz durchziehen lassen und heiß servieren.

Wachteln

Foto

Bıldırcın

Für 6 Personen

12 Wachteln, gerupft und ausgenommen,
40 g Butter,
500 g Tomaten, Salz,
60 g Margarine,
100 g Sonnenblumenöl,
12 Scheiben Weißbrot oder Toast

Die Wachteln nachsäubern, gründlich waschen und auf einem Küchentuch abtropfen lassen. In einem Topf die Butter zerlassen, die gehäuteten, sehr fein gehackten Tomaten und wenig Salz zugeben, den Topf schließen und bei kleiner Hitze und gelegentlichem Umrühren 20 Minuten dünsten. Inzwischen in einer zweiten Pfanne die Margarine erhitzen und die Wachteln von allen Seiten bei starker Hitze 5 Minuten anbraten, anschließend in den Topf zu den Tomaten geben. Bei mittlerer Hitze 30 Minuten weitergaren. Das Öl in eine Pfanne geben und die Weißbrot- oder Toastscheiben darin auf beiden Seiten bräunen. Herausnehmen, nebeneinander auf eine Servierplatte legen. Auf jede Brotscheibe eine Wachtel legen und die Soße darübergießen. Sofort servieren.

Hinweis

Wenn Ihnen die in Öl gerösteten Brotscheiben zu fett sind, können Sie diese auch toasten.

Huhn in Tomatensoße
Foto

Tavuk yahnisi

1 küchenfertiges Huhn,
Salz,
1 EL Butter,
1 EL Margarine,
1½ EL Mehl,
300 g grüne Zwiebeln,
300 g reife Tomaten,
2 EL Salça (türkisches gesalzenes Tomatenmark),
1 gehäufter TL grüne Pfefferkörner

Das Huhn salzen und in einem Topf mit reichlich Wasser bei mittlerer Hitze in ca. 1 Stunde gar kochen. Abtropfen lassen, von der Brühe ca. ½ l aufheben. Das Huhn häuten, das Fleisch ablösen, in Streifen schneiden und zu Seite stellen.

In einer hohen Pfanne Butter und Margarine gleichzeitig erhitzen, das Mehl einrühren und die in Ringe geschnittenen Zwiebeln kurz anbraten. Die Tomaten häuten, klein hacken und einige Minuten mitdünsten. Das Tomatenmark und die Hühnerbrühe einrühren, die Pfefferkörner zugeben und ½ Stunde bei niedriger Hitze köcheln lassen. Pikant abschmecken, die Fleischstreifen zugeben, noch eine Weile durchziehen lassen und heiß servieren.

Hase nach Jägerart
Tavşan avcı yahnisi

Für 6 Personen
1 küchenfertiger, in ca. 5 cm große Stücke zerlegter Wildhase mit Knochen und Leber,
3 EL Margarine,
5 schwarze Pfefferkörner,
1 Lorbeerblatt,
2 Nelken, Salz,
4 EL Butter, 3 EL Mehl,
¼ l Sahne
Für die Marinade: 2 l Wasser,
¼ l Rotwein, 2 Lorbeerblätter,
5 Wachholderbeeren, 2 Nelken,
2 Knoblauchzehen,
1 geschälte, geviertelte Zwiebel

Die Zutaten für die Marinade in eine passende Schüssel geben. Die Hasenteile und die Leber einlegen und zugedeckt in einem kühlen Ort 2–3 Tage marinieren.

Die Hasenstücke am Tag des Verzehrs herausnehmen, abtropfen lassen und von der Marinade ½ l Flüssigkeit aufheben. Die Hasenleber zur Seite legen.
In einem Topf die Margarine erhitzen. Die Hasenteile von allen Seiten anbraten. Pfefferkörner, Lorbeerblatt, Nelken, Salz und die aufgehobene Marinade zugeben und bei mittlerer Hitze ½ Stunde kochen lassen. In einem Pfännchen die Butter erhitzen, das Mehl mit einem Schneebesen einrühren und leicht anbräunen. In das Hasenragout geben und nochmals ¾ Stunde kochen lassen.
In der Zwischenzeit die Hasenleber in einem Mörser oder mit dem Passierstab sehr fein zerkleinern und die Sahne unterrühren.
Das Hasenragout von der Kochstelle nehmen, die Leber-Sahne-Mischung unterrühren und weitere 5 Minuten erhitzen, nicht mehr kochen lassen.

Fische und Schalentiere
Balıklar ve Deniz ürünleri yemekleri

Bei diesem Kapitel gilt das unbedingte Frischegebot ganz besonders. Wie Sie bereits wissen, ist der Verkauf tiefgefrorener Lebensmittel in der Türkei noch kaum verbreitet. Und da man sich standhaft (und zu Recht) weigert, nicht mehr ganz frischen Fisch zu verzehren, so lassen sich hunderttausende im Landesinneren der Türkei lebende Menschen finden, die noch niemals Fisch gegessen haben.
In den Küstengebieten jedoch gehört der Fisch zum Fleischspender Nr. 1, und die Vielfalt seiner Zubereitungsmöglichkeiten wird in der Welt seinesgleichen suchen. Ein an der Küste lebender Türke aber würde wiederum keinen Fisch essen, der älter als 1–2 Tage ist, wäre er auch noch so sorgfältig geeist. Vielmehr wird jeder gekaufte Fisch auf Herz und Nieren – oder besser gesagt, auf Augen und Kiemen – geprüft, ob er tatsächlich fangfrisch ist. Dieser Test ist relativ einfach, hat man erst einmal ein wenig Erfahrung damit: Die Augen müssen klar sein, die Kiemen noch vollrot und das Fleisch darf bei einer Druckprobe nicht so sehr nachgeben, daß eine Delle verbleibt.
In Deutschland sind nun Freunde von Fischspezialitäten in der wenig beneidenswerten Situation, nicht gerade mit einem reichhaltigen Angebot frischen Fisches verwöhnt zu werden und Fisch aus türkischen oder vergleichbaren mediterranen Gewässern überhaupt nicht frisch zu bekommen. So hat sich der türkische Verfasser auch mehr halbherzig dazu entschlossen, einige seiner Heimatrezepte in dieses Buch aufzunehmen,

allerdings ermuntert von seiner deutschen Ehefrau, der geeister oder gefrorener, aber wirklich gut zubereiteter Fisch noch allemal lieber ist, als gar keinen zu essen. Außerdem sind in den letzten Jahren viele gute Fischgeschäfte entstanden, die sorgfältig geeiste Fische aus dem Mittelmeerraum anbieten. Weiterhin wurden in den vorliegenden Rezepten, wo möglich, auch Alternativen in Form von Atlantik- oder Flußfischen angegeben. Diese sollten dann aber wirklich fangfrisch sein.

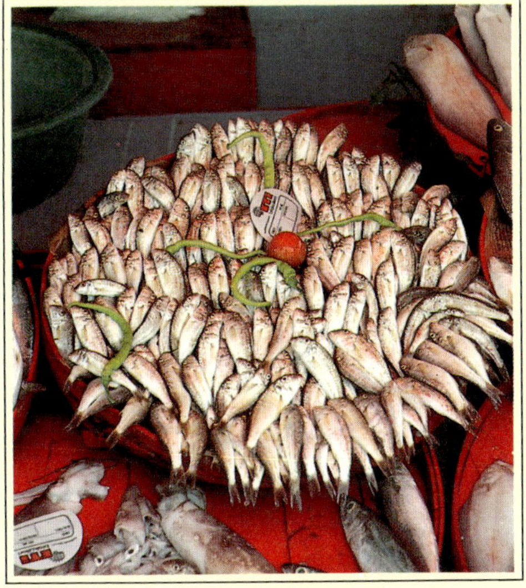

Kaltes Fischgericht

Balık pilâkisi

1 kg Bonito oder Meeräsche, gesäubert und geschuppt,
6 EL Olivenöl,
2 große Zwiebeln,
¾ l Wasser,
2 Kartoffeln,
1 Sellerieknolle,
1 Möhre,
3 Tomaten oder 50 g Tomatenmark,
5 Knoblauchzehen,
Salz,
1 Bund Petersilie,
Saft von 1 Zitrone

Den Fisch in ca. 4 cm dicke Scheiben schneiden, Kopf und Schwanz wegwerfen, beiseite stellen. In einem Topf oder einer Pfanne 3 EL Öl erhitzen, die grobgehackten Zwiebeln hineingeben und goldbraun rösten. Das Wasser hinzugeben und 20 Minuten kochen, dann durch ein feines Sieb passieren.
Kartoffeln, Sellerie und Möhre säubern und grob würfeln. Die Tomaten häuten und sehr fein schneiden. Die Gemüse zusammen mit den ungeschnittenen Knoblauchzehen und dem Zwiebelpüree in den Topf geben und 20 Minuten köcheln lassen, evtl. zwischendurch etwas Wasser zugeben, öfter umrühren. Nun den Fisch und das restliche Öl zugeben, salzen und nochmals bei geschlossenem Topf 15 Minuten kochen. Die Petersilie fein wiegen und zusammen mit dem Zitronensaft über das Gericht geben. Kalt servieren.

Gebrühter Fisch

Balık haşlaması

1,2 kg Forelle (nach dem Originalrezept wird Meeräsche oder roter Knurrhahn verwendet), ausgenommen, geschuppt und von den Kiemen, nicht aber vom Kopf befreit,
4 EL Olivenöl,
1¾ l Wasser,
3 mittelgroße Kartoffeln,
200 g Sellerieknolle,
200 g Möhren,
5 Knoblauchzehen, Salz,
1 Bund Petersilie,
1 Zitrone

Den Fisch waschen und nochmals nachsäubern. In einer hohen Pfanne oder einem breiten Topf das Olivenöl erhitzen, das Wasser zugeben und zum Kochen bringen. Kartoffeln schälen; Sellerie und Möhren säubern und alles grob würfeln. Zusammen mit den unzerkleinerten Knoblauchzehen ins Wasser geben, salzen und in ungefähr 20 Minuten bißfest kochen. Nun den Fisch samt Schwanz und Kopf zugeben, er sollte ganz mit Wasser bedeckt sein. (Sie können ihn eventuell in personengerechte Stücke schneiden). Nochmals 20 Minuten bei mittlerer Hitze kochen. Die Petersilie fein wiegen. Die Zitrone halbieren, eine Hälfte schälen und in feine Scheiben schneiden, den Saft der anderen Hälfte in die Brühe einrühren. Nochmals aufkochen lassen. Den Fisch mit dem Gemüse in eine Servierschüssel geben und mit den Zitronenscheiben und der Petersilie garnieren.

Gebackener Fisch

Foto

Balık fırında

1 kg Meeräsche, Makrele oder Bonito,
6 EL Olivenöl,
1–2 Zwiebeln,
6 Tomaten,
3–6 milde Peperoni,
¼ l Wasser,
3 Knoblauchzehen,
1 Zitrone,
Salz, Pfeffer,
½ Bund Petersilie,
10 g Butter

Den Fisch säubern, Kopf und Schwanz entfernen, in 4 cm dicke Scheiben schneiden. In eine feuerfeste Pfanne schichten, beiseite stellen.

In einer anderen Pfanne die Hälfte des Öls erhitzen, die grobgehackten Zwiebeln goldgelb anrösten, und 7 Minuten dünsten. Das Wasser, das restliche Öl, die zerdrückten Knoblauchzehen, den Saft einer halben Zitrone zugeben. Salzen und pfeffern und weitere 15–20 Minuten dünsten. Vom Feuer nehmen und über den Fisch gießen. Die gehäuteten, in Scheiben geschnittenen Tomaten und die der Länge nach geviertelten, entkernten Peperoni darüberlegen. Die feingewiegte Petersilie darüberstreuen, das Gericht mit der restlichen halben Zitrone, die geschält und in feine Scheiben geschnitten wird, garnieren. Butterflocken darübergeben und im vorgeheizten Backofen bei 175 °C 25–30 Minuten überbacken. Kalt servieren.

Für den Ofen vorbereiteter Fisch

Gebratener Fisch

Foto

Balık tavası

1 kg kleine Mittelmeerfische (z. B. rote Meerbarbe, Geißbrasse, Schnauzenbrasse; auch gemischt), Salz, 3 EL Sonnenblumenöl, Mehl, 1 Zitrone

Die Fische schuppen, ausnehmen und säubern, salzen, Schwanz und Kopf nicht entfernen. In einer Pfanne das Öl erhitzen, Fisch im Mehl wenden und nicht zu braun braten. Mit Zitronenscheiben garnieren.

Hinweis

Sind die Fische unter 10 cm lang, kann man sie (muß aber natürlich nicht) komplett mit Gräten, Kopf und Schwanz verspeisen. Man wird jedoch meistens den Kopf übrig lassen, auch wenn jeder Fischer behauptet, der Kopf sei das beste vom ganzen Fisch.

Gedämpfter Fisch

Balık buğulaması

1 kg Fisch nach Wahl (wenn Sie Meerbarbe, Streifenbarbe oder mittelgroße Sardinen frisch bekommen, nehmen Sie diese;
ein guter Ersatz sind kleine Forellen, z. B. 4 Forellen), ausgenommen, geschuppt und von den Kiemen, nicht aber vom Kopf befreit,
6 EL Olivenöl,
¼ l Wasser,
Salz, ½ Bund Petersilie,
½ Bund Dill,
½ Zitrone

Die Fische waschen und nochmals nachsäubern und in eine Pfanne nebeneinander schichten. Öl, Wasser, Salz, feingewiegte Petersilie und Dill darübergeben. Die Zitrone schälen, in feine Scheiben schneiden, über den Fisch legen und alles bei geschlossenem Deckel zum Kochen bringen. Die Kochzeit richtet sich nach Größe und Art der Fische, bei kleineren Sardinen ca. 10 Minuten, bei Forellen mindestens 15 Minuten. Auf eine Servierplatte geben und heiß servieren.

Fischbällchen

Balık köftesi

Für 6 Personen

1,2 kg Filets von Mittelmeerfischen nach Wahl, ersatzweise Schellfischfilet, 2 Scheiben in Wasser eingeweichtes Graubrot ohne Rinde,
1 Ei, 5 Schalotten, ½ TL Kümmel,
½ Bund Petersilie,
1 TL getrockneter Dill, Salz, grobgemahlener schwarzer Pfeffer,
½ l Sonnenblumenöl

Das Fischfilet in sehr feine Würfel schneiden und anschließend zerstoßen (oder durch den Fleischwolf drehen. In eine Schüssel geben, mit den ausgedrückten Brotscheiben, dem Ei, den sehr fein gehackten Schalotten, dem grob zerstoßenen Kümmel, der feingewiegten Petersilie, Dill, Salz und Pfeffer gut verkneten. In einem Topf das Öl erhitzen. Inzwischen die Fischmasse zu walnußgroßen Kugeln formen. 4 Minuten schwimmend ausbacken und sofort servieren.

Beschwipster Tomatenfisch
Rakı soslu balık

1 kg Seewolf oder Rotbrasse, ersatzweise Schellfisch- oder Kabeljaufilet, 10 EL Olivenöl, 8 Tomaten oder 100 g Tomatenmark, 1 Lorbeerblatt, Salz, ⅛ l Wasser, 1 dl Rakı (türkischer Anisschnaps)

Das Fischfilet in 2–3 cm große Quadrate schneiden. In einer Pfanne das Öl erhitzen, die enthäuteten, sehr klein geschnittenen Tomaten bzw. das Tomatenmark und das Lorbeerblatt zugeben, salzen. Dünsten, bis eine gleichmäßige Soße entsteht. Das Lorbeerblatt entfernen. Das Wasser zugeben und aufkochen lassen. Den Fisch zugeben, gut umrühren und bei geschlossener Pfanne in ca. 20 Minuten gar dünsten. Erkalten lassen. Vor dem Servieren den Anisschnaps einrühren. Hierzu ißt man am besten nur frisches Weißbrot und trinkt . . . Rakı!

Schwertfisch am Spieß
Kılıç şişte

750 g Schwertfisch (frisch oder gefroren), Salz, reichlich grober schwarzer Pfeffer, 12 Lorbeerblätter, 1 EL Zitronensaft, 1 EL Olivenöl, 1 EL Zwiebelsaft (Herstellung: eine kleine Zwiebel sehr fein hacken oder reiben, in eine Tasse geben und mit reichlich Salz vermischen, ¼ Stunde stehen lassen, mit einem Holzlöffel durch ein feines Sieb pressen)
Für die Soße: Saft von 1 Zitrone, 2 EL Olivenöl, ½ Bund Petersilie

Den Fisch ausnehmen, häuten und gründlich säubern, entgräten, Kopf und Schwanz wegwerfen. In dicke Würfel schneiden, salzen und pfeffern. In eine Schüssel schichten und die Lorbeerblätter darüberlegen. Zitronensaft, Olivenöl und Zwiebelsaft vermischen und über den Fisch gießen. An einem kühlen Platz 5–6 Stunden stehen lassen. Die Fischwürfel aus der Marinade nehmen, abtropfen lassen und auf Holzstäbchen locker aufreihen. Möglichst auf einem Holzkohlengrill (es eignet sich aber auch ein elektrischer Grill) garen. Hierbei mit dem verbliebenen Saft bestreichen und öfter wenden.
Für die Soße aus dem Zitronensaft, dem Olivenöl und der feingehackten Petersilie eine gut geschlagene Soße herstellen und getrennt zum Fisch reichen.

Seewolf mit Gurken in Alufolie
Yapraklı levrek

400–500 g küchenfertiger Seewolf (am besten 4 Stück),
Salz,
½ Bund Dill,
4 EL türkischer Weißwein (ersatzweise sehr trockener anderer Weißwein),
4 EL trockener Wermut,
200 g Veroneser- oder Eissalat,
5 EL Olivenöl, frisch gemahlener schwarzer Pfeffer,
1 kleine Salatgurke,
4 EL Sahne,
½ Bund Petersilie

Den Backofen auf 180 °C vorheizen. Die Fische mit Salz einreiben und mit je 1 Dillzweig, 1 EL Weißwein und 1 EL Wermut füllen. Den Salat waschen, putzen, in feine Streifen schneiden, auf Alufolie legen und mit Olivenöl begießen. Die Fische darauflegen, pfeffern und salzen. Die Salatgurke ungeschält in feine Scheiben schneiden und die Fische damit belegen. Die Sahne darübergießen, nochmals salzen und pfeffern und die feingehackte Petersilie darüberstreuen. Die Alufolie verschließen und die Fische 40 Minuten im Backofen garen lassen.
Hierzu schmecken Sade pilav (Seite 96) und türkischer Weißwein.

Rotbarbe in Basilikum-Tomaten
Barbunya (balık)

8 küchenfertige Rotbarben (möglichst Felsen-Rotbarben), à ca. 180 g,
Salz, 5 Fleischtomaten,
3 EL Öl, 10 frische Basilikumblätter,
frisch gemahlener schwarzer Pfeffer

Die Rotbarben mit Salz einreiben und kurz durchziehen lassen. Die Tomaten häuten und würfeln. Das Öl in einer Pfanne erhitzen und die Tomatenwürfel einige Minuten schmoren lassen. Die Basilikumblätter beifügen, durchrühren und die Rotbarben einlegen. 15 Minuten bei schwacher Hitze und geschlossenem Deckel dünsten lassen. Mit Salz und Pfeffer abschmekken und heiß servieren.

Tintenfischragout
Mürekkep balığı yahnisi

1 kg küchenfertiger Tintenfisch,
1 kg Zwiebeln,
10 EL Olivenöl,
¾ l Wasser,
Salz,
¼ l Rotwein,
1 EL Rosinen,
1 EL Pinienkerne,
Pfeffer

Den Tintenfisch in ca. 2 cm breite Quadrate schneiden, nochmals waschen, abtropfen lassen und beiseite stellen.
Die Zwiebeln in Ringe schneiden, kurz im Öl anbraten, ein Glas Wasser zugeben und bei mittlerer Hitze gute 10 Minuten dünsten. Nun die Tintenfischstücke zugeben, salzen und weitere 15 Minuten dünsten. Mit Rotwein ablöschen, wieder zum Kochen bringen, das restliche Wasser zugeben, die Pfanne schließen und 50 Minuten bei kleiner Hitze kochen. Rosinen und Pinienkerne einrühren, pfeffern und gar kochen (Garprobe machen, da eine genaue Zeit beim Tintenfisch nicht angegeben werden kann). Kalt servieren.

Hinweis
Sollten Sie nach Ende der Garzeit feststellen, daß nicht genügend Soße übrig geblieben ist, geben Sie noch entsprechend viel heißes Wasser dazu, da sich die Soße beim Erkalten außerdem noch verringert. In diesem Fall eventuelles Nachwürzen nicht vergessen.

Gefüllter Tintenfisch
Kalamar dolması

8 kleine, küchenfertige Tintenfische mit Kopf,
10 EL roher Reis,
½ TL gemahlener Kardamom,
Salz,
1 schnittfeste Fleischtomate,
2 EL Öl

Die Tintenfischköpfe sehr fein hacken und mit Reis, Kardamom und Salz vermischen. Die Tintenfische mit dieser Mischung füllen und in einen passenden Topf mit der Füllöffnung nach oben stellen. Die Tomate in 8 Scheiben schneiden und die Öffnungen damit verschließen. Den Topf mit kaltem Salzwasser füllen, bis die Tintenfische ¾ bedeckt sind. Das Öl dazugeben und alles zum Kochen bringen. Bei milder Hitze in ca. 2 Stunden weich garen. Heiß servieren.

Hinweis
Wenn Sie nur ungesäuberten Tintenfisch erhalten: Kopf abtrennen, zur Seite legen. Tintensack heraustrennen, Rückgrat auslösen und beides wegwerfen. Den Tintenfisch gründlich, am besten mit einer Bürste und warmem Wasser, innen und außen säubern. Den besonders wohlschmeckenden Kopf ißt man in der Türkei mit.

Tintenfisch in Eihülle
Yumurtalı kalamar

500 g Tintenfisch,
1½ EL Zucker, 3 Eier,
Salz, Pfeffer, 5 EL Mehl,
Fett zum Ausbacken,
1 Orange

Den gewaschenen und gesäuberten Tintenfisch in ca. ½ cm dicke Ringe schneiden. Jeweils einige Tintenfischringe in die Hand nehmen, gleichmäßig etwas Zucker darüberstreuen und in der Hand oder auf einem Holzbrett kräftig in den Tintenfisch einkneten. Eier, Salz und Pfeffer verrühren und auf einen Teller geben. Das Mehl auf einen weiteren Teller sieben. Die Tintenfischringe zunächst in der Eimasse, dann im Mehl wenden und im Fett schwimmend goldbraun ausbacken. Die Orange filetieren oder schälen und in hauchdünne Scheiben schneiden und zusammen mit den Tintenfischringen anrichten. Heiß servieren.

Muscheleintopf
Foto

Midye pilâkisi

75 mittelgroße Muscheln,
¾ l Wasser,
10 EL Olivenöl,
2 Zwiebeln,
2 Möhren,
1 große Kartoffel,
1 kleine Sellerieknolle (60 g),
6 Knoblauchzehen, 200 g Tomaten oder 1 reichlicher EL Tomatenmark,
Salz, 1 TL Zucker,
1 Bund Petersilie

Die Muscheln unter fließendem Wasser gründlich säubern und 1 Stunde in 4mal erneuertes, kaltes Wasser legen. Nicht geschlossene Muscheln wegwerfen. Die anderen öffnen und das Fleisch entnehmen (Seite 80, Gebratene Muscheln).
In einem Topf das Wasser zum starken Kochen bringen, das Muschelfleisch hineingeben und 4 Minuten kräftig kochen lassen. Die Muscheln mit einem Schaumlöffel herausnehmen, beiseite stellen. Vom Wasser ¼ l aufbewahren, den Rest wegschütten.
In einem Topf das Olivenöl erhitzen, die sehr fein gehackten Zwiebeln goldbraun rösten. Die kleingeschnittenen Möhren zugeben und 2 Minuten dünsten. Nun die ebenfalls gewürfelten Kartoffel, Sellerie und Knoblauchzehen sowie die enthäuteten, sehr fein geschnittenen Tomaten zugeben. Salz und Zucker beifügen, mit dem Muschelwasser ablöschen. Wieder zum Kochen bringen, den Topf schließen und in ca. 25 Minuten unter gelegentlichem Umrühren bei kleiner Hitze garen. Zwischenzeitlich die Petersilie fein wiegen und zusammen mit dem Muschelfleisch zugeben. Gut umrühren und einmal kräftig aufkochen lassen. Heiß oder kalt servieren.

Gebratene Muscheln in der Teighülle
Midye tavası

Für 2 Personen
30 große Muscheln,
10 g Bierhefe,
¼ l warmes Wasser,
150 g Mehl,
40 g Butter,
2 Eigelb,
2 Eiweiß,
Salz,
Sonnenblumenöl zum Ausbacken

Die Muscheln unter fließendem Wasser waschen, nicht geschlossene wegwerfen und das Fleisch aus den Muscheln entnehmen. Dies geschieht am besten, indem Sie mit einer Schere die Bärte entfernen und ein Messer kräftig durch die Öffnung stoßen. Die Muschel zerbricht und Sie können das Fleisch ohne Schwierigkeit entnehmen. Das Muschelfleisch auf einen Teller legen und nochmals gründlich waschen.
Die Bierhefe in etwa 1 EL warmem Wasser 15 Minuten einweichen.
125 g Mehl zu einem Berg häufeln, in die Mitte ein Loch drücken und die Hefe hineingeben. Die Butter in einem kleinen Pfännchen leicht erhitzen, schaumig rühren und zu Mehl und Hefe geben. Die beiden Eigelb und das restliche warme Wasser nach und nach zugeben und alles zu einer Breimasse verkneten. 1 Stunde warm stellen, damit der Teig etwas aufgehen kann. Eiweiß und Salz schaumig rühren und mit der Masse vermengen.
Das Muschelfleisch zunächst in dem restlichen Mehl und dann in der Teigmasse wenden. In einer Pfanne das Öl erhitzen und die Muscheln goldgelb ausbacken. Dabei darauf achten, daß sie nicht zusammenkleben (nicht zu viele auf einmal in die Pfanne geben). Heiß servieren.

Muschelreis
Midye pilavı

30–40 Muscheln,
150 g Reis,
20 g Rosinen,
80 g Olivenöl,
180 g Schalotten,
1 Zimtstange,
1 EL grüner Pfeffer (aus der Konserve),
¼ l Fleischbrühe (Seite 22),
Salz,
schwarzer Pfeffer,
1 TL Ingwerpulver

Muscheln wie bei Muscheleintopf (Seite 78) vorbereiten. Den Reis 10 Minuten kochen. Die Rosinen in lauwarmem Wasser einweichen.
Das Öl in einer Pfanne erhitzen, die grobgehackten Schalotten goldgelb anbräunen, die Muscheln zugeben und 10 Minuten dünsten. Den Reis, die abgetropften Rosinen, Zimtstange und grünen Pfeffer zugeben. Mit der Fleischbrühe ablöschen, zum Kochen bringen und 20 Minuten zugedeckt köcheln lassen. Die Zimtstange herausnehmen, das Gericht mit Salz, Pfeffer und Ingwer abschmecken und heiß servieren.

Muscheln
Midye

75 große Muscheln,
¼ l Wasser, Salz,
30 g Butter, 1 EL Mehl,
reichlich ¼ l Fischbrühe (Seite 22)
oder Wasser,
½ Zwiebel,
4 Knoblauchzehen,
1 Bund Petersilie, 1 Bund Dill,
Paprikapulver,
Saft von 1 Zitrone

Die Muscheln unter fließendem Wasser waschen, nicht geschlossene Muscheln wegwerfen. Das Fleisch aus den Muscheln entnehmen. Dies geschieht am besten so: mit einer Schere die Bärte entfernen und ein Messer kräftig durch die Öffnung stoßen; die Muschel zerbricht und das Fleisch kann ohne Schwierigkeit herausgenommen werden.

Das Muschelfleisch auf einen Teller legen und nochmals gründlich waschen. In einem kleinen Topf das Wasser mit etwas Salz zum starken Kochen bringen. Die Muscheln hineingeben, 3 Minuten kochen, mit einem Schaumlöffel herausnehmen und beiseite stellen. Das Wasser wegschütten.

In einer Pfanne die Butter erhitzen und das Mehl einrühren. Nach und nach die Fischbrühe oder Wasser zugeben und unter ständigem Rühren aufkochen lassen, bis die Masse leicht cremig wird. Die Muscheln zugeben, salzen, nochmals kurz aufkochen lassen, von der Kochstelle nehmen und erkalten lassen.

Die Zwiebel sehr fein hacken, die Knoblauchzehen fein schneiden, Petersilie und Dill wiegen. Über die Muscheln geben, mit Paprikapulver abschmecken und den Zitronensaft darübergießen. Heiß oder kalt servieren.

Gemüse und Gemüsegerichte

Sebze ve Sebze yemekleri

Ein ganz besonderes Thema bei den Gemüsegerichten sind die *Dolma* (gefüllte Gemüse).

Alles, was gefüllt ist, heißt Dolma,
und alles, was Dolma heißt, wirst Du lieben.

Auch in diesem Kapitel zeigt sich wieder die überraschende und beinahe unglaubliche Vielfalt der türkischen Küche. Fast jedes Gemüse läßt sich zu Dolma verarbeiten.
Wir zeigen Ihnen (Seite 84) zwei Grundrezepte, einmal für eine fleischlose Füllung (Gefüllte Paprikaschoten), einmal für eine Hackfleischfüllung (Gefüllte Weißkohlblätter). Mit diesen Grundrezepten können Sie die Füllungen für andere Gemüse selbst zusammenstellen. Je nach Füllmenge müssen die angegebenen Mengen verkleinert oder vergrößert werden. Achten Sie aber bitte darauf, daß das Verhältnis der einzelnen Zutaten in etwa gleich bleibt.
Ungewohnt für westliche Gaumen ist der Genuß von kaltem Gemüse. Es gilt die Regel, daß Gemüsegerichte ohne Fleisch sowohl kalt als auch warm serviert werden können, während man mit Fleisch angereicherte Gerichte nur warm verzehren sollte.
Übrigens: Kartoffeln zählen in der türkischen Küche zum Gemüse und werden auch als solches serviert. Es ist daher gar nicht ungewöhnlich, zum Beispiel überbackene Kartoffeln (Seite 93) zusammen mit einer Reisspeise zu servieren.

Die für viele Gemüsegerichte erforderliche Fleisch- oder Hühnerbrühe können Sie nach den Grundrezepten auf Seite 22 herstellen und vielleicht portionsweise einfrieren, um sich einen Vorrat anzuschaffen. Es wird Ihrer Kochkunst aber nur wenig Abstriche verleihen, wenn Sie Brühe-Extrakt oder Instant-Brühe verwenden. Kaum ein Koch oder eine Köchin wird heutzutage darauf verzichten mögen – auch nicht in der Türkei.

Gefüllte Paprikaschoten
Biber dolması

Füllung ohne Fleisch
800 g Paprikaschoten,
¼ l Salzwasser,
Olivenöl
Für die Füllung: 200 g Reis,
¼ l Olivenöl, 750 g Zwiebeln,
1 EL Pinien- oder Pistazienkerne, Salz,
⅛ l Wasser, 200 g Tomaten,
2 EL Rosinen, schwarzer Pfeffer,
1 Prise Zucker, 1 TL getrocknete
Minze, ½ Bund Dill

Den Reis in heißem Wasser einweichen, bis das Wasser erkaltet ist. Mit einem Schaumlöffel herausnehmen und gut abtropfen lassen.
In einem Topf das Olivenöl erhitzen. Die feingehackten Zwiebeln und die Pinien- oder Pistazienkerne kurz anbraten und salzen. Den Reis zugeben und 10 Minuten bei starker Hitze rühren. Mit ⅛ l Wasser ablöschen. Die gehäuteten und feingeschnittenen Tomaten zugeben und die Rosinen einrühren. Mit Pfeffer, Zucker, Minze und feingehacktem Dill abschmecken. Gut verrühren und 15–20 Minuten bei offenem Topf und kleiner Hitze garen, bis das Wasser vollständig verdunstet ist.
Die Paprikaschoten putzen, einen Hut abschneiden, das weiße Innere herauslösen und wegwerfen. Die Schoten füllen und den Hut wieder aufsetzen. In einen Topf stellen, Salzwasser hinzugeben und einige Tropfen Olivenöl über die Schoten gießen. Den Topf schließen und bei mittlerer Hitze in knapp 1 Stunde garen.

Gefüllte Weißkohlblätter
Lahana dolması

Füllung mit Hackfleisch
8 Weißkohlblätter
Für die Füllung: 100 g Reis,
¼ l Salzwasser, reichlich ¼ l Olivenöl,
350 g Zwiebeln, 150 g Hackfleisch,
Salz, ⅛ l Wasser, 120 g Tomaten,
schwarzer Pfeffer, 1 TL getrocknete
Minze, ½ Bund Dill

Von einem Weißkohl 8 große, schöne Blätter ablösen und 5 Minuten in leicht kochendes Salzwasser legen. Herausnehmen, abtropfen lassen und beiseite stellen.
Den Reis in heißem Wasser einweichen, bis das Wasser erkaltet ist. Danach mit einem Schaumlöffel herausnehmen und gut abtropfen lassen. In einem Topf das Olivenöl erhitzen. Die feingehackten Zwiebeln und das Hackfleisch kurz anbraten und salzen. Den Reis zugeben und 10 Minuten bei starker Hitze rühren. Mit ⅛ l Wasser ablöschen und die gehäuteten und feingeschnittenen Tomaten zugeben. Mit Pfeffer, Minze und feingehacktem Dill abschmecken. Gut verrühren und 15–20 Minuten bei offenem Topf und kleiner Hitze garen, bis das Wasser vollständig verdunstet ist.
Die Weißkohlblätter nebeneinanderlegen und in die Mitte jedes Blattes ⅛ der Füllung geben. Nun zunächst zwei gegenüberliegende Seiten der Blätter einschlagen, dann die anderen beiden Seiten und danach fest aufrollen, so daß ein wurstartiges Gebilde entsteht. In einen Topf schichten, das

Salzwasser zugeben und einige Tropfen Olivenöl über die gefüllten Weißkohlblätter gießen.
Den Topf schließen und bei mittlerer Hitze in knapp 1 Stunde garen.

Überbackener Weißkohl
Lahana fırında

1 kg Weißkohl, 60 g Margarine, 100 g Zwiebeln, 150 g Hackfleisch, Salz, Delikateßpaprika, ¼ l Wasser oder Fleischbrühe (Seite 22), ½ EL Tomatenmark, 50 g Kaşar peyniri (Schafskäse) oder Gouda, 2 Eier, ⅓ l Milch

Den Weißkohl putzen, in einzelne Blätter teilen und diese in etwa 2 cm breite Streifen schneiden. Waschen und beiseite stellen.
In einem Topf die Margarine erhitzen, die sehr fein gehackten Zwiebeln anbräunen, das Hackfleisch zugeben und ebenfalls anbraten. Weißkohl, Salz und Paprikapulver zugeben und bei kleiner Hitze unter Rühren 30–35 Minuten dünsten. In eine feuerfeste Form geben. Das Wasser mit dem Tomatenmark verrühren, darübergießen, wieder auf das Feuer geben und kochen, bis das Wasser fast verdunstet ist. Vom Feuer nehmen und abkühlen lassen. Den Käse darüberreiben.
Den Backofen auf 175 °C vorheizen. Die Eier in einen Teller schlagen. Milch einrühren und über die Speise gießen. Im Backofen 40–45 Minuten überbakken. Herausnehmen, in Quadrate schneiden und servieren.

Auberginen-Mussaka
Patlıcan musakkası

Für 6 Personen
1 kg Auberginen, Salz, 2 EL Margarine, 200 g Zwiebeln, 100 g Hackfleisch, 400 g Tomaten, 4 EL Sonnenblumenöl, 1 kleine, grüne Paprikaschote, Pfeffer, reichlich ¼ l Wasser oder Fleischbrühe (Seite 22), 10 g Butter

Die von Stielen befreiten, ungeschälten Auberginen der Länge nach vierteln und zu groben Stücken schneiden. Ganz mit Salzwasser bedeckt ½ Stunde ziehen lassen.
In einem Topf die Margarine auslassen. Die grobgehackten Zwiebeln und das Hackfleisch kurz anbraten und salzen. Die gehäuteten Tomaten vierteln, zugeben (1 ungeschälte Tomate aufheben) und gut 10 Minuten dünsten, beiseite stellen.
Den Backofen auf 175 °C vorheizen. In einer feuerfesten Pfanne das Öl erhitzen und die Auberginenstücke bei starker Hitze von allen Seiten kurz anbraten. Vom Feuer nehmen und die Hackfleisch-Tomaten-Soße über die Auberginen gießen. Nicht mehr umrühren. Die übrige Tomate in Scheiben, die Paprikaschote in Streifen schneiden und darüber anordnen. Nochmals salzen und mit der Pfeffermühle reichlich pfeffern. Das Wasser oder die Fleischbrühe hineingießen und die Form mit Alufolie verschließen. Bei mittlerer Hitze 20–30 Minuten im Backofen garen. 10 Minuten vor Ende der Garzeit die Alufolie entfernen und Butterflöckchen über das Gericht geben. Heiß servieren.

Aufgeschlitzte Auberginen

Foto

Patlıcan karnıyarık

Für 6 Personen

6 mittelgroße Auberginen (insgesamt 1–1,2 kg), 5 EL Sonnenblumenöl, 250 g Zwiebeln, 150 g Hackfleisch, Salz, 300 g Tomaten, 4 Peperoni oder 1 kleine Paprikaschote, ¼ l Wasser oder Fleischbrühe (Seite 22), 10 g Butter

Die ungeschälten Auberginen der Länge nach teilen, in der Mitte jeder Hälfte innen einen 5 cm langen Schlitz einschneiden, die Stiele entfernen, die Hälften ganz mit kaltem Salzwasser bedecken, ½ Stunde ziehen lassen. Inzwischen das Öl in einer Pfanne erhitzen, die feingehackten Zwiebeln und das Hackfleisch darin kurz anbraten, salzen. Die gehäuteten und feingeschnittenen Tomaten zufügen (1 Tomate ungeschält und ungeschnitten aufheben) und gute 10 Minuten dünsten, beiseite stellen.

Den Backofen auf 175 °C vorheizen. Die abgetropften Auberginenhälften in eine feuerfeste Form nebeneinanderschichten. Die eingeschnittenen Schlitze auseinanderziehen und die Füllung in die Öffnung und über die Auberginen gießen. Die restliche Tomate in Scheiben und die Pepproni oder Paprikaschote in Streifen schneiden und auf die Auberginen legen. Das Wasser oder die Fleischbrühe hineingießen, Butterflöckchen über das Gericht geben und im Backofen 30 – 40 Minuten bei Mittelhitze garen. Sofort servieren.

Gefüllte Auberginen
Imam bayıldı

Wörtlich übersetzt heißt dieses Gericht: »Der Imam fiel in Ohnmacht« – allerdings vor Entzücken!

2 mittelgroße Auberginen
Für die Füllung: 3 reife Tomaten,
2 kleine Zwiebeln, 3 EL Butter,
2 Knoblauchzehen,
1 Lorbeerblatt, 1 Zimtstange,
½ Bund Petersilie, Salz,
grobgemahlener schwarzer Pfeffer,
½ TL Thymian,
4 Oliven,
4 Sardellenfilets

Den Backofen auf 200 °C vorheizen und die Auberginen ca. 10 Minuten hineingeben, bis die Schale leicht angeröstet ist, einmal wenden. Inzwischen die Tomaten häuten, die Zwiebeln schälen und beides fein würfeln. Die Auberginen aus dem Backofen nehmen, die Schale der Länge nach abziehen und die geschälten Früchte längs halbieren. Mit einem kleinen Löffel etwa die knappe Hälfte des Inneren herausschaben und klein schneiden.
In einer Pfanne 2 EL Butter erhitzen und die Zwiebeln anbraten. Danach die Tomaten und das aus der Frucht entnommene Auberginenfleisch zusammen mit dem zerdrückten Knoblauch, dem Lorbeerblatt, der Zimtstange, der feingewiegten Petersilie, Salz, Pfeffer und Thymian zugeben und unter gelegentlichem Rühren 20 Minuten schmoren lassen. Lorbeerblatt und Zimtstange entfernen und die Soße in die Auberginenhälften füllen. In eine feuerfeste Form legen. Die restliche Butter flockenweise darübergeben und im Backofen bei 200 °C 20 Minuten überbacken. Mit Oliven und Sardellenfilets garnieren und warm oder kalt servieren.

Okragemüse
Bamya

500 g frische, junge Okra,
250 g Lammfleisch aus der Schulter,
2–3 grüne Zwiebeln, 35 g Margarine,
¼ l Wasser, 2 reife Tomaten, 1 EL Salça (türkisches Tomatenmark), Salz,
gemahlener weißer Pfeffer, 2 Eier,
3 EL Koruk (Saft unreifer Trauben),
ersatzweise 3 EL frischer Zitronensaft

Von den Okra den hütchenförmigen Fruchtstempel abschälen, die Okra waschen und beiseite stellen. Das Fleisch in ca. 2 cm dicke Würfel schneiden. Die Zwiebeln grob zerkleinern.
In einem Topf die Margarine erhitzen. Das Fleisch und die Zwiebeln dazugeben, scharf anbraten und nach wenigen Minuten das Wasser aufgießen. Zum Kochen bringen und bei mittlerer Hitze ca. ½ Stunde köcheln lassen. In der Zwischenzeit die Tomaten häuten und hacken, zusammen mit dem Tomatenmark, Salz und Pfeffer unter Rühren beifügen und in ca. ¾ Stunde fertiggaren. Vor dem Servieren die Eier mit dem Trauben- oder Zitronensaft verquirlen, zum heißen Gemüse geben und noch einige Minuten ziehen lassen.

Blumenkohl in Knoblauchjoghurt
Karnabahar salatası

1 mittelgroßer Blumenkohl, Salz, 150 g Joghurt, 2 Knoblauchzehen, 2 EL Olivenöl, ¼ Bund Petersilie

Den Blumenkohl waschen, putzen, in Röschen zerpflücken, in reichlich kaltem Wasser aufsetzen, salzen und bißfest kochen. Abtropfen und erkalten lassen.
Zwischenzeitlich aus dem Joghurt, den in der Knoblauchpresse zerdrückten Knoblauchzehen und dem Olivenöl eine gut gerührte Soße herstellen und über den kalten Blumenkohl gießen. Mit kleinen Petersiliensträußchen garnieren.

Sellerie in saurer Soße
Kereviz terbiyeli

1 kg Sellerieknollen mit Blättern, 60 g Margarine, 100 g Zwiebeln, 150 g nicht zu mageres Schaffleisch, in ca. 1 cm dicke Würfel geschnitten, Salz, Pfeffer, reichlich ¼ l Wasser oder Fleischbrühe (Seite 22), 2 Eier, Saft von ½ Zitrone

Die Sellerieknollen schälen, waschen und in dicke Würfel schneiden. Die Sellerieblätter ebenfalls waschen und grob hacken.
In einem Topf die Margarine erhitzen. Die gehackten Zwiebeln darin anbräunen, das Fleisch zugeben, ebenfalls kurz anbraten, salzen und pfeffern. 20 Minuten unter Rühren weiterbraten. Sellerie samt Blättern zugeben, mit dem Wasser oder der Fleischbrühe ablöschen, umrühren und bei geschlossenem Topf fertiggaren.
Inzwischen die Eier in einen Teller schlagen, den Zitronensaft und 2–3 EL Saft aus dem kochenden Gericht beifügen und gut verrühren. Das Gericht von der Kochstelle nehmen, die Eiersoße darübergeben, einrühren, den Topf schließen und noch einige Minuten ziehen lassen. Heiß servieren.

Lauchgemüse
Pırasa zeytinyağlı

1 kg Lauchstangen,
50 g Möhren,
⅛ l Olivenöl,
knapp ¼ l Wasser,
Salz,
½ TL Zucker,
1 EL Zitronensaft,
25 g Reis

Die Lauchstangen säubern, in 2 cm dicke Scheiben schneiden, waschen. Die Möhren säubern und in feine Scheiben schneiden. In einem Topf das Öl erhitzen, Lauch und Karotten zugeben und bei mittlerer Hitze und gelegentlichem Umrühren gut 30 Minuten dünsten. Mit dem Wasser ablöschen, salzen, Zucker, Zitronensaft und Reis zugeben, umrühren und bei geschlossenem Topf weiterdünsten, bis der Reis gar ist. Kalt servieren.
Ein Kännchen Zitronensaft bereitstellen, aus dem sich jeder selbst bedient.

Grüne Bohnen

Foto

Taze fasulye

1 kg grüne Bohnen,
200 g Zwiebeln,
300 g Tomaten,
Salz, Pfeffer,
½ TL Bohnenkraut,
3 EL Olivenöl,
½ TL Zucker, 1 l Wasser

Die Bohnen waschen, putzen, beiseite stellen. Die Zwiebel schälen und hacken, die Tomaten häuten und sehr fein schneiden, beides in eine Schüssel geben, mit Salz und Pfeffer kräftig abschmecken, das Bohnenkraut zugeben und alles gut verkneten.
In einem Topf das Öl erhitzen, die Zwiebel-Tomaten-Masse anbraten, den Zucker einstreuen, die Bohnen zugeben und kurz schmoren. Mit dem Wasser ablöschen, wieder zum Kochen bringen und in ca. 25 Minuten fertiggaren. Die Bohnen kalt oder warm servieren.

Weiße-Bohnen-Topf

Foto

Kuru fasulye

400 g getrocknete weiße Bohnen,
100 g Margarine, 300 g Zwiebeln,
250 g Lammfleisch, in ca. 1 cm dicke Würfel geschnitten,
500 g Tomaten,
1 rote, scharfe Peperoni oder
1 TL Rosenpaprika,
gut 1 l Wasser oder Fleischbrühe (Seite 22), Salz

Die Bohnen über Nacht in Wasser einweichen. In einem Topf in erneuertem Wasser ca. 30 Minuten angaren. Herausnehmen, abtropfen lassen und das Wasser wegschütten.
In einem Topf die Margarine auslassen. Die feingehackten Zwiebeln kurz anrösten, das Fleisch zugeben und ebenfalls von allen Seiten anbraten. Die gehäuteten und feingeschnittenen Tomaten einrühren, die sehr fein gehackten Peperoni zugeben bzw. das Paprikapulver einstreuen, mit 1 l Wasser ablöschen, salzen und 45 Minuten dünsten. Die Bohnen zugeben und bei mittlerer Hitze fertiggaren. Heiß servieren.

Hinweis
Bohnen haben eine unterschiedliche Kochzeit. Bitte machen Sie daher öfter eine Garprobe und achten Sie darauf, daß das Wasser nicht vollständig verdunstet. Evtl. Wasser zufügen.

Variationen
Dieses bei den Türken heiß geliebte, sehr preiswerte Rezept läßt sich vielfach variieren: Das Lammfleisch kann durch Hackfleisch ersetzt oder ganz weggelassen werden; es dient als kalte oder warme Vorspeise, als kräftige oder dünnere Suppe (im letzteren Fall werden mehr Wasser und weniger Einlage zugegeben), als Eintopf oder als Beilage zu Reis.

Weiße Bohnen mit Tomaten

Domatesli fasulye

250 g dicke weiße Bohnen, Salz,
40 g Olivenöl, 2 mittelgroße Zwiebeln, 3 Knoblauchzehen,
6 mittelgroße, reife Tomaten, Pfeffer,
Rosenpaprika, ½ Bund Petersilie,
½ Bund frisches oder
2 TL getrocknetes Basilikum

Die Bohnen über Nacht in Wasser einweichen (ganz fleißige Personen entfernen dann die etwas harte Haut). Am nächsten Tag in Salzwasser ca. 2 Stunden garen (wenn die Haut abgezogen ist, nur etwa 1 Stunde).
Öl in einer Pfanne erhitzen. Die nicht zu fein gehackten Zwiebeln goldgelb rösten. Die sehr fein geschnittenen Knoblauchzehen zusammen mit den enthäuteten und feingeschnittenen Tomaten zugeben, salzen und unter ständigem Rühren zu einem Püree kochen. Eventuell wenig Wasser zugeben. Mit Pfeffer, Paprikapulver und feingewiegter Petersilie abschmekken. Die Bohnen zugeben, etwas heißes Wasser beifügen und bei geschlossenem Topf und unter gelegentlichem Rühren 15 Minuten köcheln. Mit Basilikum überstreuen und heiß oder kalt servieren.

Saubohnen
Bakla içi zeytinyağlı

Für 6 Personen
½ l Wasser, ½ EL Mehl, Saft von ½ Zitrone, Salz, 1 kg tiefgekühlte, vorbereitete Saubohnen oder dicke Bohnen, 5 EL Olivenöl, 200 g Zwiebeln, ½ TL Zucker, ½ Bund Petersilie

Wasser, Mehl, Zitronensaft und Salz verrühren, in eine Schüssel geben, die Bohnen zugeben und mindestens 1 Stunde stehen lassen.
In einem Topf das Öl erhitzen. Die in feine Ringe geschnittenen Zwiebeln anbraten, die Bohnen mit dem Saft zugeben. Den Zucker einrühren und alles zum Kochen bringen. Den Topf mit Alufolie schließen und das Gericht bei kleiner Hitze in 30 Minuten garen. Die feingehackte Petersilie beim Anrichten darüberstreuen.

Spinatlinsen
Ispanaklı mercimek

200 g rote Linsen, 500 g Spinat, 2 EL Olivenöl, 1 EL Margarine, ½ TL Koriander, 4 grüne Zwiebeln, ½ l Fleischbrühe (Seite 22), Saft von 1 Zitrone, Salz, grobgemahlener schwarzer Pfeffer, 2 EL Butter, 3 Knoblauchzehen

Die Linsen ca. 2 Stunden, mit kaltem Wasser gut bedeckt, einweichen. Den Spinat waschen und verlesen.
In einer Pfanne Olivenöl und Margarine gleichzeitig erhitzen. Den Koriander und die feingehackten Zwiebeln anbräunen und die Fleischbrühe zugießen. Die abgetropften Linsen dazugeben und zum Kochen bringen, in 15 Minuten bei mittlerer Hitze garen. Die abgetropften Spinatblätter unterheben. Den Topf mit einem Küchen- oder Mulltuch und dem Deckel verschließen und das Gericht bei kleinster Hitze in weiteren 10 Minuten fertiggaren. Den Zitronensaft einrühren, das Gericht mit Salz und Pfeffer abschmecken und noch einige Minuten ruhen lassen.
In einem Pfännchen die Butter zerlassen und die feingeschnittenen Knoblauchzehen darin anbraten. Unmittelbar vor dem Servieren über das fertige Gericht geben.

Spinat mit Hackfleisch
Ispanak kıymalı

1 kg grobblättriger, frischer Spinat, 1½ l Wasser, Salz, 50 g Margarine, 125 g Zwiebeln, 100 g Hackfleisch, 20 g Reis

Den Spinat putzen, die Stiele abschneiden, die Blätter ganz lassen. Gründlich waschen. In einem Topf 1 l Wasser zum Kochen bringen, salzen und den Spinat darin gut 5 Minuten kräftig kochen lassen. Herausnehmen, in ein Sieb geben und abtropfen lassen. Das Wasser wegschütten. Den Spinat grob schneiden.
In einem Topf die Margarine auslassen, die feingehackte Zwiebel kurz anbraten, das Hackfleisch zugeben und ebenfalls anbraten. Mit knapp

½ l Wasser ablöschen und salzen. Spinat beifügen und gut durchrühren. Den Reis darübergeben. Topf schließen und bei kleiner Hitze und gelegentlichem Rühren 35–40 Minuten dünsten, bis der Reis weich ist. Heiß servieren.

Variation
In die Soße können kurz vor Ende der Garzeit 1–2 EL Tomatenmark eingerührt werden.

Überbackene Kartoffeln
Patates fırında

1 kg Kartoffeln,
60 g Margarine,
200 g Zwiebeln,
200 g Hackfleisch,
400 g Tomaten, Salz, Pfeffer,
1 EL Tomatenmark,
3 grüne Peperoni oder
1 grüne Paprikaschote,
reichlich ¼ l Wasser, 10 g Butter

Die Kartoffeln schälen, waschen und in Scheiben schneiden. In eine Schüssel mit Wasser legen.
In einer Pfanne die Margarine erhitzen. Die gehackten Zwiebeln anbraten, das Hackfleisch zufügen und ebenfalls kurz anbraten, die Tomaten (bis auf 1) häuten, klein schneiden und zugeben. Salzen und pfeffern. Gute 5 Minuten bei kleiner Hitze dünsten. Vom Feuer nehmen.
Backofen auf 175 °C vorheizen. In eine feuerfeste Form die Fleischsoße und die Kartoffeln in mindestens 4 Schichten abwechselnd übereinandergeben, mit der Fleischsoße beginnen und mit Kartoffelscheiben enden. Das Tomatenmark mit ein paar Tropfen Wasser anrühren, darübergießen. Die aufgehobene Tomate in Scheiben schneiden, darüberlegen. Die in Streifen geschnittenen Peperoni oder Paprikaschote ebenfalls darüber verteilen. Das Wasser darübergießen. Butterflöckchen auf das Gericht verteilen und bei geschlossener Form (mit Deckel oder Alufolie) im Ofen 20 Minuten backen. Danach die Form öffnen und weitere 20–30 Minuten bei 150 °C backen, bis das Gericht gar ist.

Es gefiel dem Sultan
Hünkâr beğendi

Auberginenpüree (Seite 41),
1 große, rote Zwiebel, 6 EL Butter,
500 g mageres Lammfleisch, in ca. 1 cm dicke Würfel geschnitten,
750 g Fleischtomaten, Salz,
feingemahlener weißer Pfeffer,
1 Zweig Petersilie, 1 Zweig Minze

Das Auberginenpüree herstellen und warm halten. Die Zwiebel schälen und sehr fein reiben (nicht hacken). Die Butter in einem Topf erhitzen, die Zwiebel und die Fleischwürfel kurz anbraten. Die Tomaten häuten, klein schneiden und zugeben. Salzen, pfeffern und gut 30 Minuten bei mittlerer Hitze dünsten. Auf einem Servierteller das Auberginenpüree kreisförmig anordnen und die Mitte mit der Tomaten-Fleisch-Masse füllen. Petersilie und Minze fein hacken und darüberstreuen.

Zucchini
Kabak zeytinyağlı

1 kg Zucchini, 3 EL Olivenöl, 750 g Zwiebeln, 7 Knoblauchzehen, ¼ Bund Petersilie, ½ Bund frische Minze, 360 g Tomaten, ½ TL Zucker, ¼ l Wasser

Die Zucchini fein schälen, der Länge nach teilen und in 2 cm dicke Scheiben schneiden. In einen Topf geben und bei kleinster Hitze 10 Minuten lang erwärmen.
Inzwischen in einem anderen Topf 1 EL Olivenöl erhitzen. Die geschälten, halbierten und dann in Scheiben geschnittenen Zwiebeln kurz anbraten. Die Knoblauchzehen schälen und hacken, Petersilie und Minze fein wiegen und zusammen mit den gehäuteten und kleingeschnittenen Tomaten zugeben. Unter Rühren 10 Minuten schmoren lassen. Vom Feuer nehmen. Den Zucker über die Zucchini streuen. Das Wasser, 2 EL Öl und die im anderen Topf bereitete Soße darübergießen. Kurz kräftig aufkochen lassen und dann bei mittlerer Hitze garen. Kalt servieren.

Zucchini-Frikadellen
Mücver

1 kg Zucchini,
200 g Zwiebeln,
2 Bund Dill,
4 Eier,
Pfeffer,
Salz,
80 g Mehl,
¼ l Sonnenblumenöl

Die Zucchini wie Möhren schaben, waschen und das Fruchtfleisch in grobe Würfel schneiden. Die Zwiebeln schälen und grob hacken. Beides durch den Fleischwolf drehen oder mit dem Schneidstab des Handrührgerätes fein pürieren (in der Originalzubereitung wird hierfür ein Mörser verwendet). Die Masse in eine Schüssel geben und mit dem feingewiegten Dill, den aufgeschlagenen Eiern, Pfeffer, Salz und Mehl zu einem gleichmäßigen Teig verarbeiten.
In einer Pfanne das Öl erhitzen. Von der Zucchinimasse jeweils 1 EL entnehmen und unter Wenden ausbacken (etwa wie Kartoffelpuffer). Sofort servieren.

Reisgerichte
Pilavlar

Die besondere türkische Art, den Reis zu kochen, nennt sich »Pilav«. Einfach nur in Wasser gekochter Reis ohne jede Zutat, etwa in der Art von Kochbeutel-Reis, ist in der türkischen Küche unbekannt.

Pilav nimmt eine besonders wichtige Stellung in der türkischen Küche ein und steht in einer seiner einfachen Versionen fast täglich auf dem Speiseplan. Das besonders aufwendige Istanbul-Pilav (Seite 98) ist Feierlichkeiten, wie zum Beispiel Hochzeiten oder dem Neujahrsfest, vorbehalten.

Zur Gruppe der Reisgerichte haben wir auch die Weizenschrotgrütze genommen. Sie ist ebenfalls eine äußerst beliebte Beilage, die wir Ihnen besonders zu Grillgerichten sehr ans Herz legen möchten.

Für die dritte Art von Beilagen, nämlich Nudeln, haben wir keine eigenen Rezepte aufgenommen, da deren Zubereitung sich nur unwesentlich von den uns bekannten unterscheidet. Es lohnt sich aber, einmal Nudeln türkischer Hersteller zu probieren. Nach dem bißfesten Garen schwenken die Türken die Nudeln gerne in einer Tomatensoße, die auch Knoblauch enthalten kann. Ein sehr bekanntes Nudelgericht sind die *Mantı* (Hackfleischtaschen, Seite 60), die allerdings als Hauptgericht gegessen werden.

Wie bereits erwähnt, gelten Kartoffeln in der Türkei nicht als Beilage, sondern als Gemüse.

Pilav
Pilavlar

Hinweise
Die Mengen zur Zubereitung des Pilav werden mit Maßeinheiten angegeben. Nehmen Sie zum Beispiel ein Glas oder eine Tasse, die Sie als Maßeinheit bestimmen und halten Sie sich genau an die hier angegebenen Verhältnisse von Reis zu Wasser, da bei schon etwas zuwenig oder zuviel Wasser der Pilav mißlingt. Sie können das Verhältnis von Reis zu Wasser verdoppeln.
Die Herstellung des perfekten Pilav gehört zur »Hohen Schule« türkischer Kochkunst. Die Türken erkennen den guten Koch an seinem Pilav. Der Reis darf weder angebrannt noch zu stark gekocht oder nur halb gar sein.
Es muß daher dringend empfohlen werden, den Pilav zunächst mehrere Male in kleinen Mengen und »im stillen Kämmerlein« auszuprobieren, bevor man sich an eine Einladung wagt und als Krönung Istanbul-Pilav serviert.
Pilav eignet sich als Beilage zu unzähligen Fleisch- und Fischgerichten und ist aus der türkischen Küche nicht wegzudenken.

Pilav
Sade pilav

Vor der Zubereitung dieses Rezepts bitte unbedingt die Hinweise zum Pilav (oben) beachten.
Dieser Pilav eignet sich gut zum »Einüben«.

Ca. 1 l lauwarmes Salzwasser zum Vorbereiten,
1 Maßeinheit Reis,
1 EL Margarine,
1¼ Maßeinheiten Fleischbrühe,
Salz

Den Reis in eine Schüssel geben, mit dem lauwarmen Salzwasser übergießen und erkalten lassen. Mit einem Schaumlöffel herausnehmen und gut abtropfen lassen. Das Wasser wegschütten (wenn Sie Naturreis verwenden, müssen Sie diesen im Wasser noch gründlich zwischen den Händen reiben).
In einem Topf die Margarine erhitzen, den Reis zugeben und 5 Minuten bei schwacher Hitze gut rühren. Mit der Fleischbrühe ablöschen, zum Kochen bringen und bei kleiner Hitze, ständigem Rühren und geöffnetem Topf kochen, bis das Wasser vollständig verdunstet ist. Nun auf kleinste Hitze schalten, den Topf mit Alufolie verschließen und den Reis weitere 20 Minuten ziehen lassen. Heiß servieren.

Variationen
Pilav mit Tomaten (Domatesli pilav): Den Reis nur mit 1 Maßeinheit Fleischbrühe ablöschen. 4 kleine, reife, geschälte, sehr klein geschnittene Tomaten einrühren.
Gemüsepilav (Sebze pilavı): Gleichzeitig mit den Tomaten eine bunte Mischung aus Erbsen, Möhren-, Auberginen- und Paprikawürfeln zufügen. Dieses Gericht ist bei uns besser bekannt unter dem jugoslawischen Namen »Duveç Reis«.

Pilav mit Fadennudeln

Foto

Meyhane pilavı

Vor der Zubereitung bitte unbedingt die Hinweise zum Pilav auf Seite 96 beachten!

Ca. 1 l lauwarmes Salzwasser zum Vorbereiten, 1 Maßeinheit Reis,
1 EL Margarine, Salz,
1½ Maßeinheiten Wasser oder Fleischbrühe,
¼ Maßeinheit dünne Fadennudeln

Reis vorbereiten, wie auf Seite 96 beschrieben.

In einem Topf die Margarine erhitzen. Die klein zerbrochenen Fadennudeln zugeben und 5 Minuten bei schwacher Hitze gut rühren. Den Reis zugeben und bei sehr starker Hitze mit einem Holzlöffel 8–10 Minuten weiterrühren. Salzen. Mit Wasser oder Fleischbrühe ablöschen, wieder zum Kochen bringen und bei kleiner Hitze, ständigem Rühren und geöffnetem Topf kochen, bis das Wasser vollständig verdunstet ist. Nun auf kleinste Hitze schalten, den Topf mit Alufolie verschließen und den Reis weitere 20 Minuten ziehen lassen. Heiß servieren.

Istanbul-Pilav
Istanbul pilavı

Vor der Zubereitung bitte unbedingt die Hinweise zum Pilav auf Seite 96 beachten!

Für 6 Personen
Ca. 2 l lauwarmes Salzwasser zum Vorbereiten,
500 g Reis (2 Maßeinheiten),
160 g Margarine oder Butter,
625 g Hühnerbrühe (Seite 22, 2½ Maßeinheiten),
½ g Safran, ½ Stunde in wenig Wasser eingeweicht,
2 EL geschälte Mandeln,
75 g junge, grüne Erbsen aus der Dose, Salz, 75 g Hühnerleber,
75 g Hühnerbrüstchen,
1 EL Pistazien ohne Schale

Den Reis vorbereiten, wie auf Seite 96 beschrieben.
In einem Topf die Margarine oder Butter erhitzen. Den Reis zugeben und bei starker Hitze 10 Minuten gut rühren. Hühnerbrühe und Safran dazugießen. Ganze Mandeln und Erbsen einrühren, salzen. Hühnerleber und -brust klein schneiden, zugeben und bei offenem Topf und mittlerer bis kleiner Hitze unter ständigem Rühren kochen, bis das Wasser verdunstet ist. Nun auf kleinste Hitze schalten, den Topf mit Alufolie verschließen und den Reis weitere 20 Minuten ziehen lassen. Heiß servieren.
Dieser Pilav ist oft Teil eines türkischen Festessens und wird nach dem Hauptgericht, sozusagen als Krönung, serviert.

Pilav mit Innereien, Pinienkernen und Korinthen
Iç pilavı

Vor der Zubereitung bitte unbedingt die Hinweise zum Pilav auf Seite 96 beachten!

Für 6 Personen
Ca. 2 l lauwarmes Salzwasser zum Vorbereiten, 500 g Reis (2 Maßeinheiten), 200 g Butter, 75 g Lamm-, Hammel- oder Kalbsleber, 75 g Lamm-, Hammel- oder Kalbsniere, 1 EL Pinienkerne, 75 g Zwiebeln, Salz, Pfeffer, 1 Prise Zimt, 1 TL Piment-Gewürzkörner, 750 g Wasser oder Fleischbrühe (Seite 22, 3 Maßeinheiten), 2 EL Korinthen, 1 TL Zucker, 1 EL Tomatenmark, 1 Bund Dill

Den Reis vorbereiten, wie auf Seite 96 beschrieben.
40 g Butter in einem Topf erhitzen. Kleingeschnittene Leber und Niere von allen Seiten kurz anbraten. Topf einstweilen beiseite stellen.
In einem anderen Topf die restliche Butter erhitzen. Die Pinienkerne und die feingeschnittenen Zwiebeln kurz anbraten. Den Reis zugeben und 10 Minuten bei starker Hitze rühren. Salzen und pfeffern, Zimt und Piment beifügen. Mit dem Wasser oder der Fleischbrühe ablöschen und wieder zum Kochen bringen. Korinthen, Zukker und Tomatenmark einrühren und bei mittlerer Hitze und geöffnetem Topf kochen, bis das Wasser vollständig verdunstet ist. Leber und Niere aus dem anderen Topf zusammen mit

lem sehr fein gewiegten Dill einrühen. Nun auf kleinste Hitze schalten, len Topf mit Alufolie schließen und len Pilav weitere 20 Minuten ziehen assen. Sofort servieren.

Veizenschrotgrütze Foto
ulgur

00 g Weizenschrot, 300 g Zwiebeln, 50 g reife Tomaten, 200 g Butter oder Margarine, 300 g kochendheiße leischbrühe (Seite 22), Salz, robgemahlener schwarzer Pfeffer

Den Weizenschrot waschen, auf ein Mulltuch geben und fest auswringen, eiseite legen. Zwiebeln und Tomaten äuten, fein hacken.
n einem Topf die Butter oder Margarie zerlassen. Die Zwiebeln darin kurz anschwitzen, den Weizenschrot dazugeben und ca. 25 Minuten bei kleiner Hitze und ständigem Rühren mit einem Holzlöffel anbraten. Dann die vorbereiteten Tomaten und die sehr heiße Fleischbrühe zugeben. Umrühren, salzen und pfeffern und bei mittlerer Hitze und geschlossenem Topf 15 Minuten ohne weiteres Rühren kochen lassen. Auf kleinste Hitze schalten, den Topf mit einem Tuch und dem Topfdeckel fest verschließen und noch weitere 15 Minuten garen lassen. Den Topf von der Feuerstelle nehmen und die Grütze vor dem Servieren noch 5–10 Minuten bei geöffnetem Topfdeckel und gelegentlichem Umrühren nachgaren lassen. Die Grütze ist gut gelungen, wenn der Weizenschrot eine bißfeste Konsistenz hat und die Grütze nicht mehr breiig ist.

Süßes und Nachspeisen
Tatlılar ve deser

Die klassische türkische Nachspeise ist Obst in jeder Variation – kein Wunder, denn nach einem opulenten Mahl mit zahllosen Gängen ist auch der eifrigste Esser kaum mehr in der Lage, noch einen gehaltvollen Pudding zu genießen. So werden die süßen und sehr sättigenden Nachspeisen wesentlich öfter am Nachmittag zur Teezeit verzehrt. Sie sind auch fertig in vielen Konditoreien erhältlich.
Probierenswert sind besonders die Flammeris und Milch- oder Reisspeisen, oft den Desserts ähnlich, die bei uns Großmutter noch gerne und liebevoll kochte, die aber heute vielfach vom fertigen und so bequemen Puddingpulver verdrängt wurden.

Getrocknete Feigen mit Walnüssen
Cevizli kuru incir

Für 10 Stück
10 schöne, gleichmäßig große, getrocknete Feigen, 10 ganze Walnußkerne, ⅛ l Wasser, 1 EL Zucker, 1 TL Rosenwasser, 1 EL Feigenlikör, ⅛ l steifgeschlagene, leicht gesüßte Sahne, 10 kandierte Kirschen

Die Feigen mit einem spitzen Messer etwas öffnen und mit jeweils 1 Walnußkern füllen. In einem kleinen Topf Wasser und Zucker erhitzen, die Feigen hineinlegen und einmal aufkochen lassen. Von der Kochstelle nehmen, Rosenwasser und Feigenlikör darübergießen und erkalten lassen. Zum Servieren die Feigen auf Dessertteller legen, etwas Flüssigkeit darübergießen und jede Feige mit einer Sahnehaube und einer kandierten Kirsche garnieren.

Süßer Kürbis
Kabak tatlısı

1 kg Kürbis (in vielen Geschäften bekommen Sie von den oft sehr großen Kürbissen entsprechende Teilmengen), 5 EL Wasser, 150 g Puderzucker, 2 Nelken, 1 TL Rosenwasser, 150 g gehackte Walnußkerne

Das Kürbisstück nicht zu dünn schälen und das Fruchtfleisch in ca. fingergroße Stücke schneiden.
In einem Topf das Wasser erwärmen, Puderzucker, Nelken und Rosenwasser beifügen, gut verrühren und die Masse bis kurz vor den Siedepunkt erhitzen. Das Kürbisfleisch hineinschichten, nach 2 Minuten auf kleinste Hitze schalten, den Topf mit einem Küchen- oder Mulltuch und dem Deckel verschließen und den Kürbis 45 Minuten dünsten.
Erkalten lassen, hübsch anrichten und die gehackten Walnußkerne vor dem Servieren darüberstreuen.

Süßer Safranreis
Zerde

1 g Safranfäden, 1 TL Zerdecal (Gelbwurzmehl, im türkischen Geschäft erhältlich), 100 g Patnareis, 250 g Zucker, 2 EL Speisestärke, 50 g Korinthen, 25 g Pistazien, 1 Granatapfel

Die Safranfäden in 5 EL heißem Wasser 15 Minuten einweichen. Das Gelbwurzmehl mit 3 EL kaltem Wasser verrühren und ebenfalls 15 Minuten stehen lassen. Reis und Zucker in einem Topf mit ½ l Wasser zum Kochen bringen und gut 10 Minuten bei starker Hitze kochen lassen. Auf kleinste Hitze schalten, Safran und Gelbwurz (samt dem Einweichwasser) zugeben. Die Speisestärke einrühren und weitere ca. 20 Minuten köcheln lassen, bis eine breiige Masse entstanden ist. In Dessertschalen füllen und erkalten lassen. Vor dem Servieren mit Korinthen, gehackten Pistazien und ausgelösten Granatapfelkernen bestreuen.

Milchreis

Foto

Sütlaç

Für 8–10 Personen

2 l Milch, 25 g Reismehl,
25 g Speisestärke, 100 g Milchreis,
200 g Zucker,
5 TL Kakaopulver

Von der Milch ca. ¼ abschöpfen, in eine Schüssel geben, Reismehl und Speisestärke einrühren und beiseite stellen.
Die restliche Milch, den Reis und den Zucker in einem Topf zum Kochen bringen. Die Reismehl-Stärke-Milch einrühren und bei schwacher Hitze und unter ständigem Rühren gut 15 Minuten kochen lassen. In Dessertschalen füllen, das Kakaopulver darüberstreuen und erkalten lassen.

Grießschnitten aus Damaskus

Şam tatlısı

Für 20 Stück

Für die Grießmasse: ½ l Milch,
500 g Grieß, 150 g Zucker,
⅛ l kaltes Wasser,
2 EL Tahin (Sesampaste),
50 g gemahlene Walnußkerne,
50 g gemahlene Erdnußkerne,
30 g gemahlene Pistazien,
10 kandierte Kirschen
Für den Sirup: 500 g Zucker,
¼ l Wasser, Saft von 1 Zitrone,
40 g Butter

Zunächst in einem Topf die Milch langsam zum Kochen bringen. Von der Kochstelle nehmen, Grieß und Zucker einrühren und die Masse 24 Stunden zugedeckt bei Zimmertemperatur stehen lassen. Nach dieser Ruhezeit das Wasser gründlich einrühren und die Masse weitere 2 Stunden stehen lassen.
Den Backofen auf 225 °C vorheizen. Eine runde Backform mit 30 cm Durchmesser mit der Sesampaste ausstreichen. Die Hälfte der Grießmasse hineingeben und gleichmäßig verstreichen. Die geriebenen Walnüsse und Erdnüsse mischen, darübergeben und die restliche Grießmasse gleichmäßig in die Backform streichen. Die Form in den Ofen schieben und zunächst 25 Minuten backen.
Zwischenzeitlich den Sirup wie folgt herstellen: In einem Topf Zucker, Wasser, Zitronensaft und Butter erhitzen und unter Rühren bei mittlerer Hitze langsam zum Kochen bringen, dann so lange köcheln lassen, bis sich der Zucker vollständig gelöst hat. Den Sirup von der Kochstelle nehmen und warm halten.
Die Grießspeise aus dem Ofen nehmen und mit einem feuchten Messer diagonal in ca. 20 Stücke einschneiden. Einige Eßlöffel des heißen Sirups gleichmäßig darüber verteilen und die Form für weitere 25 Minuten in den Ofen zurückstellen. Nach Ende dieser Backzeit nochmals an den gleichen Stellen einschneiden, den restlichen Sirup darübergießen und mit den gemahlenen Pistazien und den kandierten, halbierten Kirschen garnieren. Erkalten lassen. Zum Servieren an den eingeschnittenen Stellen die einzelnen Portionen entnehmen.

Finger des Wesirs
Vezir parmağı

Für ca. 25 Stück
Für den Teig: 6 dl Wasser,
75 g Butter oder Margarine,
1 TL Zucker,
½ TL Salz,
500 g Mehl, 6 Eier,
Pflanzenöl zum Ausbacken
Für den Sirup: ½ l Wasser,
600 g Zucker, 1 EL Rosenwasser,
frisch gepreßter Saft von 1 Zitrone

Für den Teig Wasser, Fett, Zucker und Salz in einen Topf geben und aufkochen lassen. Den Topf von der Kochstelle nehmen und 450 g Mehl mit dem Schneebesen einrühren. Den Topf auf die Kochstelle zurückstellen und unter ständigem Rühren, am besten mit einem Holzlöffel, und bei milder Hitze 10 Minuten aufwallen lassen, bis sich der Teig vom Topf löst und zu einer klebrigen Kugel zusammenfassen läßt. Den Teig lauwarm erkalten lassen, sodann die Eier einzeln einarbeiten. ½ Stunde ruhen lassen. Das restliche Mehl auf einen Teller geben und beiseite stellen.
Zwischenzeitlich für den Sirup alle Zutaten in einen Topf geben und unter Rühren aufkochen lassen, bis sich der Zucker vollständig aufgelöst hat. Beiseite stellen und warm halten.
Nun vom Teig jeweils ca. 1 EL abstechen, zwischen feuchten Händen zu »Fingern« rollen und im Mehl wälzen. Die »Finger« im Öl schwimmend ausbacken. In eine Schale legen, den Sirup darübergießen und einige Stunden durchziehen lassen.

Hühnerbrust-Flammeri
Tavuk göğsü

Die Verwendung von Hühnerfleisch für eine süße Nachspeise ist für Europäer eine große Überraschung. Lassen Sie Ihre Gäste raten, welche Zutaten Sie für diesen Flammeri verwendet haben . . .

Für 6 Personen
300 g Hühnerbrust, frisch gepreßter Saft von 3 Zitronen,
1 l Milch,
100 g Reismehl,
300 g Zucker,
¼ l Sahne,
1 TL Rosenwasser,
evtl. 6 rote Rosenblätter (aus der Blüte)

Die Hühnerbrust in reichlich Wasser ca. ½ Stunde sprudelnd kochen. Das Kochwasser wegschütten und das Fleisch in eine Schüssel geben. Ca. 3 l frisches, kaltes Wasser mit dem Zitronensaft vermischen und hiervon ca. 1 l über das Fleisch gießen. Nach ½ Stunde das Wasser abgießen und erneut ca. 1 l Zitronenwasser zugießen. Wieder ½ Stunde ziehen lassen und den Vorgang ein letztes Mal wiederholen.
In einem Topf ¼ l Milch zum Kochen bringen, die abgetropfte Hühnerbrust mit den Händen zerfasern und zusätzlich klein schneiden. Zur Milch geben und 15 Minuten köcheln lassen. Das Reismehl und den Zucker mit einem weiteren ¼ l kalter Milch anrühren, dazugießen, aufkochen lassen, dann die restliche Milch einrühren. Wieder

zum Kochen bringen, einige Male aufwallen lassen und von der Kochstelle nehmen. Mit dem Passierstab eine gleichmäßige Masse herstellen. Den Flammeri etwas abkühlen lassen, die leicht geschlagene Sahne und das Rosenwasser einrühren und in Schälchen füllen. Vor dem Servieren evtl. jedes Dessert mit einem gewaschenen Rosenblatt (das mitgegessen wird) garnieren.

Flammeri »1001 Nacht«
Aşure

2 Tage Arbeit sind nötig, um Ihnen die bekannteste orientalische Süßigkeit zu bescheren!

Für 6–8 Personen
150 g Weizenschrot,
30 g getrocknete weiße Bohnen,
30 g getrocknete, gehäutete Saubohnen,
30 g Kichererbsen, 50 g Reis,
200 g Zucker, ½ l Milch,
50 g Sultaninen,
5 EL Rosenwasser,
50 g getrocknete Aprikosen,
50 g getrocknete Feigen,
8–10 kandierte Kirschen,
50 g süße Mandeln,
50 g Walnußkerne,
½ Granatapfel

Den Weizenschrot, die weißen Bohnen, Saubohnen und Kichererbsen jeweils in einzelnen Schüsseln mit kaltem Wasser gut bedecken und über Nacht einweichen.
Am nächsten Tag den Weizenschrot abtropfen lassen und wie folgt in einem Topf mit frischem, kaltem Wasser in gut 6 Stunden bei mittlerer Hitze zu einem zähen Brei verkochen: Man nimmt zunächst ca. 1½ l Wasser und gießt in den ersten 4 Stunden Kochzeit bei Bedarf Wasser nach, damit der Weizenschrot immer gut bedeckt ist. In den letzten beiden Stunden der Kochzeit wird kein Wasser mehr nachgegossen, damit ein dickflüssiger Brei entstehen kann.
Gleichzeitig die eingeweichten weißen Bohnen, Saubohnen und Kichererbsen abtropfen lassen und zusammen mit dem Reis in einem weiteren Topf in ca. 2 l frischem Wasser in 1½ Stunden weich kochen. Diese Masse muß ständig mit Wasser gut bedeckt bleiben.
Nun ein großes, feines Sieb über einen weiteren Kochtopf geben. Den Weizenschrotbrei und die Bohnen-Erbsen-Reis-Masse hineingießen und die Flüssigkeit in dem daruntergestellten Topf auffangen. Die Flüssigkeit aufkochen lassen und den Zucker einrühren, bis er sich aufgelöst hat. Den Topf von der Kochstelle nehmen, die Milch und den Brei aus dem Sieb einrühren und kurz ruhen lassen.
In der Zwischenzeit die Sultaninen in Rosenwasser einweichen. Aprikosen, Feigen und Kirschen hacken. Mandeln und Walnußkerne in einer Nußmühle fein mahlen. Alles in den Brei einrühren, zum Kochen bringen und 15 Minuten bei mittlerer Hitze kochen lassen. Den Flammeri in hübsche Dessertschalen füllen, erkalten lassen und mit den ausgelösten Granatapfelkernen dekorieren.

Mandelflammeri
Keşkül

Für 6 Personen
1 l Milch, 40 g Reismehl, 125 g Zucker, 100 g feingeriebene süße Mandeln, 6 ganze, geröstete süße Mandeln

Von der Milch ca. ¼ l abschöpfen, in eine Schüssel geben, das Reismehl einrühren und beiseite stellen.
Die restliche Milch zum Kochen bringen. Von der Kochstelle nehmen, den Zucker, die geriebenen Mandeln und das angerührte Reismehl gründlich einrühren. Den Topf auf die Kochstelle zurückstellen und den Flammeri bei ständigem Rühren gut 10 Minuten bei niedriger Hitze durchkochen lassen.
In Dessertschalen füllen, 1 Mandel in die Mitte setzen und erkalten lassen.

Reismehlflammeri
Mahallebi

Für 8–10 Personen
2¼ l Milch, 50 g Reismehl, 50 g Speisestärke, 250 g Zucker, 4 TL gemahlener Zimt

Von der Milch ca. ¼ l abschöpfen, in eine Schüssel geben, Reismehl und Speisestärke einrühren und beiseite stellen.
Die restliche Milch und den Zucker in einen Topf geben und unter Rühren zum Kochen bringen. Die Reismehl-Stärke-Milch einrühren und den Flammeri bei schwacher Hitze und unter ständigem Rühren 10 Minuten kochen lassen. In Dessertschalen füllen, den Zimt darüberstreuen und erkalten lassen.

Creme aus türkischem Honig

Helva ezmesi

Soll nach reichlichem Rakı-Genuß die Lebensgeister wieder erwecken!

500 g Sade helva (echter türkischer Honig ohne Nüsse), Saft von 1 Zitrone, Saft von 1 Orange, 6–10 EL kaltes Wasser, evtl. ½ Granatapfel und einige Pinienkerne

Den türkischen Honig in ein größeres Mörsergefäß zerbröseln, Zitronen-, Orangensaft und Wasser löffelweise zugeben und eine geschmeidige, sehr dickflüssige Creme herstellen. Diese klassische, aber zeitaufwendige Herstellung können Sie durch Verwendung eines Pürierstabes beschleunigen. Die fertige Creme in Dessertschalen füllen. Aus dem halben Granatapfel die roten Kerne lösen und die Creme hiermit und mit den Pinienkernen verzieren (falls Granatapfel und Pinienkerne nicht vorrätig, kann auch mit geschälten Orangen und Zitronen garniert werden).

Hinweis

Die Creme sollte am gleichen Tag verzehrt werden, da sie schnell wieder hart wird. Sie ist ein typischer, recht süßer Abschluß eines kalorien- und alkoholreichen Abendessens der türkischen Westküste. Man sagt ihr »ernüchternde« und verdauende Wirkung nach.

Erdbeeromelett

Cilekli kaygama

Für 10 Stück

Für die Füllung: ⅛ l Sahne, 75 g Butterkekse, 250 g Erdbeeren, 100 g Puderzucker, 1 EL türkischer Erdbeerlikör

Für die Omeletts: ½ l Milch, 25 g Butter, 80 g Mehl, 2 Eier, Salz, 50 g Margarine zum Ausbacken, 50 g Puderzucker

Für die Füllung die Sahne erwärmen, aber nicht kochen. Die Butterkekse zerbröseln und in der Sahne einweichen. Die Erdbeeren waschen, putzen und zusammen mit dem Zucker mit einem Passierstab pürieren. Die Sahne-Keks-Mischung und den Likör einrühren und zur Seite stellen.

Für den Teig die Milch und die Butter gut warm erhitzen, bis sich die Butter aufgelöst hat. Das Mehl darübersieben und unter ständigem Rühren mit dem Schneebesen langsam einarbeiten. Danach die Eier einzeln einrühren und den Teig mit einer Prise Salz und 2 TL Puderzucker würzen.

In der Margarine 10 möglichst dünne Omeletts hellbraun ausbacken, dabei die Omeletts mit einem Löffel an allen Seiten auf den Pfannenboden drükken, damit sie nicht zu hoch werden.

In die Mitte jedes Omeletts 2–3 EL Füllung geben und die Omeletts zu Vierecken einschlagen. Auf einem Teller anrichten und Puderzucker darübersieben. Noch warm servieren, nach Belieben je 1 Gläschen Erdbeerlikör dazu reichen.

Die türkische Backstube

Pastalar ve börekler

Im türkischen Haushalt wird viel und gerne gebacken. Gegenüber der europäischen Küche gibt es zwei große Unterschiede: Verschiedene süße Backwaren werden nach der Fertigstellung noch mit einem Sirup aus Wasser, Zucker, Honig, duftendem Rosenwasser und Gewürzen übergossen und einige Tage zum Durchziehen stehen gelassen. Dieser Sirup ist eine typisch arabische Angelegenheit und auch in der Türkei nicht jedermanns Sache, da er ungeheuer süß ist. Wir haben unsere Rezeptvorschläge durch geringere Zuckerangabe bereits dem europäischen Geschmack etwas anzugleichen versucht. Sie sollten daher zumindest ein Rezept einmal versuchen. Bei vielen Plätzchen und Kuchen können Sie aber durchaus den Sirup auch einfach weglassen.

Daneben besteht ein großes Kapitel der türkischen Backkunst aus der Herstellung salzigen, gefüllten Gebäcks, das der Türke mit dem Oberbegriff *Börek* bezeichnet. Ist bei den Börek der Teig meist gleich, nämlich ein hauchdünn ausgerollter Strudelteig, so gibt es auch hierfür wieder unzählige verschiedene Füllungsmöglichkeiten. Die bekanntesten Füllungen sind aus Schafskäse, Spinat oder Hackfleisch hergestellt. Das anschließende Fertigstellen der Börek geht unterschiedlich vonstatten. Die kleinsten, sehr treffend mit *Sigara böreği* bezeichneten, wirklich beinahe nur zigarettengroßen Börek werden in der Pfanne oder in einer Friteuse ausgebacken. Daneben gibt es Rezepte, bei denen die Börek zu kleinen bis handtellergroßen

Gebilden geformt oder in eine große Auflaufplatte geschichtet werden und dann in den Backofen kommen.
Börek werden sowohl kalt als auch warm gegessen und sehr gerne zu einem in der Türkei äußerst beliebten Picknick mitgenommen. Sie können im Rahmen eines Menüs als Vorspeise, als Zwischenmahlzeit oder als Hauptgericht verzehrt werden.

Strudelteig
Börek hamuru

Für 10 runde Teiglagen von ca. 40 cm Durchmesser.

Grundrezept
450 g Mehl, 1 TL Salz,
½ l lauwarmes Wasser,
2 EL Olivenöl,
2 EL Maisstärke,
1 Mulltuch,
9 Bogen Pergamentpapier,
50 g zerlassene Butter

Mehl und Salz in eine tiefe Rührschüssel sieben. Das Wasser unter ständigem Rühren mit einem Holzlöffel langsam dazugießen. Die Masse kräftig schlagen, bis ein glatter Teig entstanden ist. Dann von Hand in der Schüssel weiterkneten, bis sich der Teig zu einer etwas klebrigen Kugel zusammenfassen läßt. Das Olivenöl tropfenweise einkneten. Der gesamte Knetvorgang muß ca. ½ Stunde in Anspruch nehmen. Den Teig in der Teigschüssel 3 Stunden bei Zimmertemperatur ruhen lassen, mit einem Tuch und einem darübergelegten schweren Teller fest verschließen.
Aus dem Teig 10 etwa gleich große Bällchen formen und jedes Bällchen einzeln wie folgt weiterbearbeiten: Ein feines Mulltuch mit etwas Maisstärke bestreuen, ein Teigbällchen hineingeben, verschließen und mit dem Nudelholz zu einem Kreis von etwa 20 cm Durchmesser ausrollen. Die einzelnen Teiglagen auf einem Küchenbrett stapeln, wobei dazwischen je ein Bogen Pergamentpapier gelegt wird. Den Stapel mit einem Küchentuch abdecken und ½ Stunde bei Zimmertemperatur stehen lassen.
Nun die Teigplatten einzeln zu hauchdünnen Scheiben ausziehen: Eine Platte auf einen Handrücken legen und mit der anderen Hand behutsam und sehr langsam nach außen ziehen und dehnen, bis der Kreis einen Durchmesser von gut 40 cm erreicht hat. Die dicken äußeren Ränder werden abgeschnitten und können anderweitig weiterverwendet werden. Die Kreise sofort mit zerlassener Butter bepinseln und bald weiterverarbeiten, da der Teig sehr schnell trocknet und sich dann nicht mehr formen läßt.

Hinweise
Ein guter Strudelteig ist hauchdünn und fast durchsichtig. Seine Herstellung ist entsprechend schwierig und bedarf längerer Übung.
Zu dick geratener Strudelteig kann durchaus dennoch verwendet werden, indem die in den Rezepten angegebenen Teiglagen verringert werden.

Börek-»Zigaretten« Foto
Sigara böreği

Klassisches Rezept

Für 20 Stück
500 g Schafskäse (am besten türkischer Tulum),
1 großer Bund glatte Petersilie,
½ Grundrezept Strudelteig (5 Teiglagen, nebenstehend),
2 Eier, 8–10 EL Pflanzenöl

Den Käse zerbröckeln, die Petersilie fein hacken und dazugeben, beides mit einer Gabel zu einem groben Brei vermischen.

Aus jeder Lage Strudelteig 4 gleichseitige Dreiecke mit einer ungefähren Seitenlänge von 20 cm herausschneiden. Auf jedes Dreieck in die Mitte ca. 1 EL Käse-Petersilien-Masse geben und Börek-»Zigaretten« wie folgt formen: Zwei Ecken einschlagen und von der Seite der eingeschlagenen Ecken her zur verbliebenen Spitze hin aufrollen. Die Spitze mit den leicht verschlagenen Eiern bestreichen und fest andrücken. Alle 20 »Zigaretten« fertigstellen, in der noch verbliebenen Eimasse wälzen und in einer Pfanne oder einer Friteuse (im letzteren Fall benötigen Sie natürlich mehr Fett als oben angegeben) goldbraun ausbacken. Möglichst warm servieren.

Variation

Börek-»Zigaretten« nach Art der türkischen Gastarbeiter: Der zum klassischen Rezept der Börek-»Zigaretten« (Seite 110) erforderliche Strudelteig ist natürlich nicht ganz einfach und nicht schnell herzustellen. In der Türkei kann man die hauchdünnen Teigplatten in Bäckereien bereits fertig kaufen, so daß man sich kaum mehr die Mühe der eigenen Herstellung macht. Auch bei uns sind diese Teigplatten in manchen türkischen Geschäften erhältlich, allerdings in Plastikfolie verpackt und haltbar gemacht. Geschmacklich kann dieser Teig nicht an frischen, hausgemachten oder in der türkischen Bäkkerei hergestellten heranreichen.
So sind unsere türkischen Mitbürger mit der Zeit darauf gekommen, daß der bei uns erhältliche, gefrorene Blätterteig, der ja bekanntlich ebenfalls schwierig und zeitaufwendig herzustellen ist und den es als fertige Ware in der Türkei nicht zu kaufen gibt, für verschiedene Börek-Arten ein vorzüglicher Ersatz ist.
Für das angegebene Rezept ist 1 Packung tiefgefrorener Blätterteig (300 g, 5 Teigplatten) notwendig. Die Teigplatten aus der Packung nehmen und ca. ¼ Stunde antauen lassen. In der Zwischenzeit die Käse-Petersilien-Masse zubereiten. Die weitere Fertigstellung erfolgt genauso, wie oben angegeben.

Käse-Börek
Su böreği

Für den Teig: 750 g Mehl,
100 g Joghurt,
Salz,
5 Eier
Für den Belag: ½ Bund Dill,
350 g Schafskäse,
1 TL gemahlener Kreuzkümmel,
Pfeffer
Weitere Zutaten:
75 g zerlassene Butter,
2 l Salzwasser,
2 Eier, ⅛ l Sahne

Das Mehl auf eine Holz- oder Marmorplatte geben, in der Mitte eine Mulde eindrücken, den Joghurt hineinschütten, salzen. Von außen nach innen einen Teig kneten, dabei die Eier einzeln zugeben, bis ein fester, zäher Teig entstanden ist. Mit einem feuchtwarmen Küchentuch abdecken und bei Zimmertemperatur ½ Stunde gehen lassen.
In der Zwischenzeit für den Belag den Dill fein hacken und mit dem zerbrökkelten Schafskäse, dem Kreuzkümmel und dem Pfeffer vermischen.
Eine Kastenform (ca. 15 × 30 cm) mit etwas zerlassener Butter bepinseln. Vom Teig ein gut eigroßes Stück nehmen, sehr fein ausrollen und die Kastenform damit innen auskleiden, zur Seite stellen. Den restlichen Teig fein ausrollen und in 8–10 Teigplatten schneiden, jeweils so groß wie die Kastenform.
Das Salzwasser in einem breiten Topf zum Kochen bringen. Die Teigplatten nacheinander einzeln auf eine

Schaumkelle legen, in das kochende Wasser tauchen, 2 Minuten kochen lassen und dann zwischen Küchentüchern trocknen. Die restliche zerlassene Butter mit den Eiern und der Sahne verquirlen und auf den Teig in der Kastenform streichen. Ca. 2 EL des vorbereiteten Belages hineingeben, eine Teigplatte darauflegen, auch diese mit der Eiermischung bestreichen, wieder Belag daraufgeben und so weiter, bis der Belag aufgebraucht ist. Man endet mit einer Teigplatte, die auch mit der Eiermischung bestrichen wird. Nun den anfänglich zum Auskleiden der Kastenform verwendeten Teig über die oberste Teigplatte schlagen und mit der restlichen Eiermischung bestreichen.
Den Backofen auf 200 °C schalten, das Käse-Börek hineingeben und in ca. 45 Minuten goldbraun backen. In Scheiben schneiden und noch warm servieren.

Blätterteigkuchen
Baklava

In der Türkei selbst wird diese wahrhaft in aller Welt bekannte Spezialität wegen der recht aufwendigen Herstellung des Blätterteigs nur noch selten im Hause hergestellt, zumal man Baklava in jeder Konditorei zu kaufen findet. Mit unserem (in der Türkei nicht erhältlichen) gefrorenen Blätterteig und einer beschichteten Kastenform, in der der Teig nicht ankleben kann, geht die Herstellung dieser Nachspeise doch sehr flott und einfach vonstatten.

Für 5–8 Personen
Für den Kuchen: 1 Packung tiefgefrorener Blätterteig (300 g, 5 Platten),
100 g gehäutete Mandeln,
100 g Pistazien,
200 g Walnußkerne,
100 g weiche Butter,
50 g Puderzucker,
1 EL Olivenöl
Für den Sirup: Saft von ½ Zitrone,
Saft von ½ Orange,
100 g Honig,
100 g Zucker

Die Blätterteigplatten auseinanderlegen und auftauen lassen. Die Mandeln fein mahlen, die Pistazien und Walnußkerne grob hacken und alles mit der Butter und dem Puderzucker vermischen.
Aus jeder Teigplatte 2 Stücke in Größe der Kastenform (ca. 15 × 30 cm) ausrollen. Eine Teigplatte in die möglichst beschichtete Kastenform legen, mit etwas Nußmischung bestreichen, eine weitere Teigplatte darüberlegen und so fort, bis Teig und Mischung aufgebraucht sind, wobei als letztes eine Teigplatte aufgelegt wird. Diese mit dem Öl bestreichen und den Kuchen bei 175 °C in 45 Minuten backen.
Für den Sirup in der Zwischenzeit Zitronen- und Orangensaft erhitzen und unter Rühren Honig und Zucker beifügen. So lange rühren, bis sich der Zucker vollkommen aufgelöst hat (der Sirup darf dabei nicht kochen).
Den Sirup über den fertigen, noch heißen Kuchen gießen und anschließend mindestens 8 Stunden durchziehen lassen.

Nachtigallen-Nester

Bülbül yuvası

Für 12 Stück

Für die Nester: 2 Yufka (vorgebackene Blätterteigplatten, im türkischen Geschäft erhältlich), 1 EL Olivenöl, 50 g Pistazien, 1 EL Puderzucker, 1 EL zerlassene Butter

Für den Sirup: ½ l Wasser, 500 g Zucker, Saft von ½ Zitrone, 1 TL Rosenwasser

Jede Teigplatte zu Rechtecken schneiden und diese wiederum in jeweils 6 Quadrate aufteilen. Sie erhalten insgesamt 12 Quadrate. Mit dem Öl bepinseln. Die Pistazien hacken und mit dem Puderzucker und der zerlassenen Butter vermischen. Auf jedes Teigquadrat etwas Pistazienmischung geben. Die Teigränder nach innen einschlagen und etwas hochziehen, bis eine runde Nestform entsteht. Die Nester bei 175 °C im Backofen 30 Minuten backen.

In der Zwischenzeit für den Sirup das Wasser zum Kochen bringen, den Zucker einrühren und unter Rühren 10 Minuten köcheln lassen. Den gefilterten Zitronensaft und das Rosenwasser einrühren, nicht mehr kochen lassen und warm halten. Die fertigen Nachtigallen-Nester mit dem warmen Sirup übergießen und zugedeckt mindestens ½ Stunde durchziehen lassen.

Süße Nudeln

Telkadayıf

Für 10 Stück

Für die gefüllten Nudeln: 100 g Pistazien, 200 g Walnußkerne, 100 g weiche Butter, 1 TL Zimt, 2 EL Puderzucker, 1 l Wasser, 10 Telkadayıf (zu Ballen geformte, vorgebackene Nudeln, im türkischen Geschäft erhältlich)

Für den Sirup: ½ l Wasser, 500 g Zucker, 2 EL türkischer Mandarinen- oder Orangenlikör, 1 Orange

Die Pistazien hacken, die Walnußkerne fein mahlen und mit der Butter, Zimt und Puderzucker zu einer Masse verkneten. Das Wasser sprudelnd zum Kochen bringen und die Nudelballen einzeln auf einem Schaumlöffel ½ Minute in das Wasser legen. Auf ein Backblech geben, etwas auseinanderziehen und mit der Nußmischung füllen. Bei 175 °C im Backofen 20 Minuten backen.

In der Zwischenzeit für den Sirup das Wasser zum Kochen bringen, den Zucker einrühren und 10 Minuten köcheln lassen. Von der Kochstelle nehmen, Likör und den gefilterten Saft von ½ Orange einrühren und warm stellen. Die Nudeln aus dem Backofen nehmen, mit dem Sirup übergießen und kurz durchziehen lassen. Die restliche halbe Orange filetieren und die Nudeln mit den Orangenschnitzen belegen.

Pizza arabische Art
Lahmacun

Fotos

Lahmacun ist eine gerne gegessene Zwischenmahlzeit und wird in größeren Städten an Imbißständen frisch aus dem Ofen angeboten. Das Foto zeigt die Herstellung in einem kleinen Restaurant im Bazar von Izmir.

Für ca. 10 Stück
Für den Teig: 500 g Mehl,
10 g Hefe,
1 Ei, 1 Prise Salz,
2 Prisen Zucker,
⅛ l Milch
Für den Belag: 4 grüne Zwiebeln,
½ Bund Petersilie,
2 scharfe oder milde Peperoni,
1 Fleischtomate,
500 g Lammhackfleisch,
Salz, Pfeffer,
2 TL Rosenpaprika,
50 g zerlassene Butter,
3 Eier

Das Mehl auf eine Holz- oder Marmorplatte schütten, in die Mitte eine Mulde drücken und die zerbröckelte Hefe, das Ei, Salz und Zucker hineingeben. Von außen nach innen kräftig durchkneten, dabei langsam die Milch zugeben, bis ein gleichmäßiger Teig entstanden ist. Mit einem feuchtwarmen Küchentuch zudecken und bei Raumtemperatur ¼ Stunde gehen lassen.
In der Zwischenzeit für den Belag Zwiebeln, Petersilie, Peperoni und die gehäutete Tomate fein hacken und mit dem Hackfleisch, Salz, Pfeffer und Rosenpaprika vermischen.
Den Teig in 10 gleich große Stücke teilen, gleichmäßig oval ausrollen und nochmals einige Minuten ruhen lassen. Danach den Belag auf die Teigstücke verteilen und die Ränder ca. 2 cm nach oben einschlagen. Die zerlassene Butter über alle Pizzen träufeln und 5 Pizzen zusätzlich noch mit den verquirlten Eiern bestreichen. Den Backofen auf 200 °C einschalten und die Pizzen in ca. 30 Minuten braun backen. Heiß – am besten mit einem türkischen Tee – servieren.

Hinweis
Die Pizza ohne zusätzlichen Eibelag heißt Sade lahmacun, die mit Ei Yumurtalı lahmacun.

Fladenbrot

Foto

Pide

In allen türkischen Geschäften können Sie frisches Fladenbrot kaufen. Am allerbesten schmeckt natürlich selbstgebackenes Pide!

Für 2 Fladen

25 g Hefe, ⅛ l lauwarmes Wasser, 500 g Weizenmehl, 2 Prisen Salz, 1 TL Olivenöl, 1 TL weißer Sesam, 2 TL schwarzer Sesam (kann auch weggelassen oder durch weißen Sesam ersetzt werden)

Die Hefe im Wasser auflösen und mit Mehl und Salz zu einem gleichmäßigen Teig verarbeiten. Mit einem Küchentuch abdecken und ½ Stunde bei Zimmertemperatur gehen lassen. Backofen auf 200 °C vorheizen.
Aus dem Teig 2 runde Fladen mit einem Durchmesser von je ca. 20 cm formen, wobei die Ränder etwas dicker bleiben als die Mitte. Mit dem nassen Zeigefinger gleichmäßige Vertiefungen eindrücken. Die Fladen mit dem Olivenöl bestreichen und den Sesam darüberstreuen. Im Backofen in knapp 20 Minuten goldgelb backen.

Frauennabel-Gebäck
Kadın göbeği

Für 25 Stück
450 g Zucker,
7/8 l Wasser,
1/2 TL Zitronensaft,
50 g Butter, Salz,
300 g Mehl, 3 Eier,
8–10 EL Pflanzenöl,
2 TL Mandelextrakt,
Fett zum Ausbacken,
1/8 l steifgeschlagene, gesüßte Sahne

Zunächst aus dem Zucker, 1/2 l Wasser und dem Zitronensaft einen Sirup herstellen: Die Zutaten in einen kleinen Topf geben, zum Kochen bringen und bei mittlerer Hitze und unter ständigem Rühren so lange kochen, bis sich der Zucker vollständig aufgelöst hat. Sodann weitere 5 Minuten bei stärkster Hitze und weiterem ständigen Rühren stark durchkochen lassen. Beiseite stellen und abkühlen lassen.
In einem größeren Topf das restliche Wasser (3/8 l) mit der Butter und einer Prise Salz zum Kochen bringen und rühren, bis sich die Butter aufgelöst hat. Auf kleine Hitze schalten, das Mehl darübersieben und kräftig rühren, bis sich ein glatter, dickflüssiger Teig gebildet hat. Den Topf von der Kochstelle nehmen und nacheinander die Eier in den Teig einrühren.
In einer tiefen Pfanne oder Friteuse das Öl erhitzen. Vom Teig 2 EL abtrennen und zu einem Bällchen formen. Einen Daumen in Mandelextrakt tauchen und in das Bällchen pressen, so daß ein tiefer Eindruck zurückbleibt. Die Bällchen goldbraun ausbacken und noch heiß in den Sirup tauchen, in dem sie einige Minuten verbleiben sollen. Dann das Gebäck herausnehmen, abtropfen lassen, auf einer Servierplatte anrichten, ganz erkalten lassen. Vor dem Servieren die »Nabel« des Gebäcks mit jeweils 1 TL Schlagsahne füllen.

Rosinenschnecken
Üzümlü kurabiye

Foto Seite 118

Für 10 Stück
100 g Sultaninen, 500 g Mehl,
30 g Hefe, 1 Prise Salz,
4 EL warmer Honig,
1 TL Zimt, 2 Eier, 1/2 l Milch,
3 EL zerlassene Butter

Die Sultaninen 1/2 Stunde in warmem Wasser einweichen und auf einem Küchentuch abtropfen lassen. Das Mehl auf eine Holz- oder Marmorplatte schütten, in die Mitte eine Mulde drücken, die zerbröckelte Hefe, Salz, Honig, Zimt und nach und nach die Eier und die Milch zugeben und einen gleichmäßigen, weichen Teig arbeiten. Die Sultaninen einarbeiten und den Teig, mit einem Küchentuch bedeckt, bei Zimmertemperatur ca. 3/4 Stunde gehen lassen.
Den Teig in ca. 10 Stücke aufteilen, zu Würsten von ca. 20 cm Länge und anschließend zu Schnecken formen, dabei die Würste zuerst in der zerlassenen Butter wälzen und dann von außen nach innen rund einrollen. Den Backofen auf 180 °C einschalten und die Schnecken in ca. 40 Minuten goldgelb backen.

Sesamringe

Simit

Foto

Für 10 Ringe
25 g Hefe,
⅛ l lauwarmes Wasser,
500 g Mehl,
60 g zerlassene Butter,
2 Prisen Salz,
ca. 1 l kochendheißes Wasser,
2 Eigelb, 8 TL Sesam

Die Hefe zerbröckeln und in das lauwarme Wasser einrühren. Mehl und Hefewasser in eine Schüssel geben und gründlich vermischen. Die Butter beifügen und in den Teig einkneten, zwischendurch salzen. Den Teig zugedeckt ¾ Stunde bei Zimmertemperatur gehen lassen.
Den Teig in 10 gleich große Stücke aufteilen, zu Würsten rollen und anschließend zu Ringen formen. Die Ringe mit einer Schaumkelle einzeln jeweils ½ Minute in das kochendheiße Wasser eintauchen und auf ein Backblech (am besten Backtrennpapier unterlegen) geben. Mit Eigelb bestreichen und mit Sesam bestreuen. Den Backofen auf 175 °C einschalten und die Sesamringe in 30 Minuten goldgelb backen.

Kandil-Plätzchen

Foto

Kandil simidi

Während des moslemischen Fastenmonats darf zwischen Sonnenauf- und Sonnenuntergang weder gegessen noch getrunken werden. Mit Einbruch der Nacht versammeln sich dann die Fastenden zu einem reichhaltigen Nachtessen, bei dem oft als Nachspeise die nur wenig süßen Kandil-Plätzchen gereicht werden.

Für 20 Plätzchen
25 g Hefe,
⅛ l lauwarmes Wasser,
500 g Mehl,
60 g zerlassene Butter,
1 Prise Salz,
2 EL warmer Honig,
1 EL Mahlep (Pulver aus Steinweichseln, in türkischen Geschäften erhältlich),
ca. 1 l kochendheißes Wasser,
2 Eigelb, 10 TL Sesam

Die Hefe zerbröckeln und in das lauwarme Wasser einrühren. Mehl und Hefewasser in eine Schüssel geben und gründlich verarbeiten. Die zerlassene Butter, Salz, Honig und das Mahlep einkneten. Zugedeckt ¾ Stunde bei Zimmertemperatur gehen lassen. Den Teig in 20 gleich große Stücke aufteilen und zu Würstchen rollen. Mit einer Schaumkelle jedes Plätzchen einzeln ½ Minute in das kochendheiße Wasser eintauchen, danach zuerst in Eigelb und dann im Sesam wälzen. Den Backofen auf 175 °C einschalten und die Plätzchen in ca. 30 Minuten knusprig braun backen.

Walnußmonde

Çevizli Ay

Für 25–30 Stück
Für den Teig: 300 g Mehl, ½ Päckchen Backpulver, 300 g Zucker, 2 Eigelb, 100 g zerlassene Butter, 1 EL Sahne
Für die Füllung: 75 g Sultaninen, 1 EL Rum, 250 g Walnußkerne, 3 EL Sahne, 2 Eiweiß, 100 g Puderzucker, 1 TL Zimt, 2 Eier

Mehl, Backpulver und Zucker mischen, auf ein Holz- oder Marmorbrett schütten, in die Mitte eine Mulde formen, Eigelb, Butter und Sahne hineingeben und alles zu einem Teig verkneten. Zugedeckt bei Zimmertemperatur ½ Stunde ruhen lassen.
Für die Füllung die Sultaninen waschen, abtropfen lassen und mit dem Rum übergießen. Die Walnußkerne in der Nußmühle mahlen und zu den Sultaninen geben. Alles mit der Sahne, Eiweiß, Puderzucker und Zimt gründlich verrühren und mit der Hand (oder schneller: dem Passierstab) zu einem dicken Brei verarbeiten.
Den Teig knapp ½ cm dick ausrollen und 25–30 Kreise mit einem umgestülpten Glas ausstechen. Auf jeden Teigkreis etwas von der Füllung geben. Die Ränder mit verquirltem Ei bestreichen, in der Hälfte einklappen, fest andrücken, die Seiten etwas dehnen und die Mitte eindrücken, bis ein Halbmond entsteht. Die Monde mit dem restlichen verquirlten Ei bestreichen, auf ein Backblech geben (Backtrennpapier unterlegen) und bei 175 °C in ca. 40 Minuten backen.

Getränke
Içecekler

»Çay« und »Kahve«, Tee und Kaffee, sind wohl die Lieblingsgetränke der Türken. Anders als in Deutschland trinkt man den türkischen Mokka niemals zum Frühstück, sondern meist als Abschluß eines Essens. Tee wiederum wird von morgens bis abends – ohne Unterbrechung, so hat es oft den Anschein – getrunken. Typisch auch hier die fast obligatorische Bewirtung von Kunden in Geschäften aller Art, kostenlos natürlich und keineswegs als Kaufzwang gedacht. Zum Essen selbst wird meist nur frisches, gekühltes Wasser getrunken, das es in Flaschen *(Şişe suyu)* zu kaufen gibt. Ersetzbar ist es eigentlich nur durch Mineralwasser, das auch häufig genommen wird.

Bei einem größeren Abendessen oder festlichen Mahlzeiten wird *Rakı,* ein mit Wasser zu verdünnender, gut gekühlter Anisschnaps, gereicht, eine recht hochprozentige, aber wirklich hervorragend schmeckende und appetitanregende Angelegenheit. Bekanntlich ist zwar der religiöse Mohammedaner durch den Koran verpflichtet, keinen Alkohol zu trinken, aber ein Türke ist der festen Meinung, Mohammed könne hierbei keineswegs den Rakı gemeint haben . . . Und so umschreibt er den Rakı auch gerne mit »Löwenmilch« (Arslan sütü). Wein wird in der Türkei relativ wenig getrunken, auch ist die Produktion gering. Wenn Sie ein Freund herben und trockenen Weines sind, sollten Sie aber türkischen Rot- oder Weißwein kosten.

Sehr erfrischend ist *Ayran,* ein Getränk aus geschlagenem, mit Wasser und Salz vermischtem Joghurt.

Türkischer Kaffee

Foto

Kahve

Folgende Regeln sind zu beachten:
- Bereiten Sie jede Tasse Kaffee einzeln zu.
- Nehmen Sie kleine Mokkatassen.
- Besorgen Sie sich einen echten kleinen Messingtopf, in dem die Türken (und viele andere Länder des Vorderen Orients) ihren Kaffee kochen. In vielen Orientläden werden diese Messingtöpfchen angeboten.
- Verwenden Sie ausschließlich äußerst fein gemahlenen Espresso oder gleich echten türkischen Kaffee.
- Verwenden Sie *kein* Rosenwasser zum Würzen, auch wenn es in anderen Kochbüchern stehen sollte.
- Rechnen Sie pro Person 1 knappe Tasse Wasser, 1 gehäuften TL Kaffee und Zucker nach Wahl. In der Türkei wird der Kaffee ohne Zucker, wenig gezuckert, normal gezuckert oder stark gezuckert angeboten. Die goldene Mitte ist die gleiche Menge Zucker wie Kaffeepulver.

Geben Sie Kaffeepulver, Wasser und Zucker in den Messingtopf, verrühren gründlich und stellen den Topf auf die Feuerstelle. Bitte, achten Sie darauf, daß der Kaffee *nicht* kocht, sondern nur aufsteigt, wobei sich Schaum bildet. Nicht mehr umrühren und sofort in die Tasse geben.
Alle anderen Herstellungsbeschreibungen, wie Beifügen von Rosenwasser, sind – schlicht gesagt – falsch.

Türkischer Tee
Çay

Foto

Folgendes ist zu beachten:
- Sie benötigen eine kleine (¼ l) und eine größere (½ l) Teekanne (oder einen Samowar), wobei die kleine auf die größere bei geöffnetem Deckel paßt. Die Kannen müssen unbedingt aus feuerfestem Material sein. Entsprechende Kannen aus Aluminium erhalten Sie für wenig Geld in türkischen Geschäften.
- Rechnen Sie pro Person 1 gehäuften TL Tee. Am besten nehmen Sie natürlich türkischen Tee, es eignet sich aber fast jeder andere feinblättrige Tee.

Füllen Sie die größere Kanne mit Wasser und stellen Sie sie auf die Flamme. Nehmen Sie den Deckel weg und stellen Sie die kleine Kanne, vorher mit der entsprechenden Menge Teeblätter gefüllt, auf die größere. Wenn das Wasser in der unteren Kanne kocht, nehmen Sie beide Kannen von der Kochstelle, füllen von der großen in die kleine Kanne etwas Wasser, bis diese etwa ¾ voll ist. Geben Sie beide Kannen dann wieder in gleicher Art auf die Kochstelle, so lange, bis auch der Tee in der oberen Kanne einmal aufkocht. Nehmen Sie die Kannen von der Kochstelle und lassen den Tee 5 Minuten ziehen. Nun haben Sie in der kleinen Kanne einen relativ starken Tee-Extrakt, den Sie nach Belieben mit dem heißen Wasser verdünnen können. Füllen Sie den Tee in kleine Gläser und lassen jeden selbst zukkern. Tee können Sie zu jeder Tages- und Nachtzeit servieren. Ähnlich wird der Tee in einem Samowar hergestellt. Lassen Sie sich dies am besten beim Kauf des Samowars zeigen.

Hinweis
Soll der Tee besonders fein und aromatisch schmecken, geben Sie einige Jasminblüten *oder* einige Gewürznelken in den Teesud.

Salbeitee
Adaçayı

Ein vor allem in der kälteren Jahreszeit sehr gern getrunkener Tee, den man auch in vielen Lokalen bestellen kann. Die getrockneten Salbeipflanzen bekommen Sie gebündelt in türkischen und manchen griechischen Geschäften. Natürlich können Sie Salbei auch selbst trocknen: Von den Pflanzen nur die Wurzel entfernen, bündeln und einige Wochen an einem trockenen, warmen Ort, nach unten aufgehängt, trocknen lassen.
Achten Sie darauf, daß Sie zur Zubereitung des Tees nicht zuviel Salbei nehmen und den Tee nicht zu lange ziehen lassen, da er sonst bitter schmeckt.

1–2 getrocknete Salbeipflanzen,
½ l Wasser,
Zucker nach Bedarf,
evtl. Zitrone

Den Salbei in größere Stücke zerbrechen und in eine Teekanne legen. Wasser aufkochen, darübergießen und den Tee höchstens 5 Minuten ziehen lassen. Abseihen, nach Bedarf zuckern und heiß servieren, evtl. Zitronenscheiben hinzugeben (sehr erfrischend).

Anisschnaps
Rakı

Für 1 Person
2 schlanke, nicht zu große Longdrinkgläser,
⅛ l (oder mehr oder weniger) Rakı (in jedem türkischen und mittlerweile vielen einheimischen Geschäften erhältlich),
¼ l eisgekühltes Wasser oder Mineralwasser ohne Kohlensäure,
evtl. Eiswürfel

In eines der Gläser den Rakı gießen, in das andere das Wasser und evtl. zusätzlich die Eiswürfel. Jeder Gast mischt sein Getränk selbst, indem er mehr oder weniger Wasser zum Rakı gießt.
»Profis« vermischen den Rakı überhaupt nicht, sondern nehmen zunächst einen kleinen Schluck Schnaps und sofort einen (wohl größeren) Schluck Wasser.

Hinweis
Rakı kann als Aperitif wie auch zum Essen selbst angeboten werden. Aber Vorsicht: Der fast süße, recht milde Geschmack läßt die fast 50% Alkohol allzu leicht vergessen!

Joghurtgetränk

Foto

Ayran

Für 1 Person

75 g Joghurt (½ Becher), 225 g Wasser (2½ Becher), Salz nach Belieben, Eiswürfel

Den Joghurt nach und nach mit dem Eiswasser und wenig Salz verrühren, mit dem Schneebesen oder im Mixer aufschlagen und kalt stellen. Vor dem Servieren noch einen Eiswürfel hineingeben und zusammen mit dem Salzstreuer servieren, damit jeder selbst abschmecken kann.

Hinweis

Ayran ist ein für die Türkei sehr typisches Getränk und wird vor allem an heißen Tagen als Erfrischung gern getrunken.

Register

Deutsche Rezeptnamen

Türkische Rezeptnamen

Register

BLV IDEE & PRAXIS

Essen und genießen

503 Selbstgemachtes aus der Küche zum Verschenken
504 Obstkuchen – Obsttorten
506 Selber backen mit Vollkorn
510 Gesunde Wildkräuterküche
512 Die Kunst schlank zu bleiben
513 Weihnachtliche Bäckerei
515 1 × 1 der richtigen Ernährung
516 Die Kunst Tee zu trinken
517 Kartoffeln rund und gesund
518 Selbstgemachte Marmeladen und Gelees
519 Vollwert-Süßspeisen
520 Kinderfeste
521 Genüßliche Weinkunde
522 Einlegen · Trocknen · Kandieren
523 Eis selbst gemacht
524 Köstliche Obstspeisen
525/526 Aus türkischen Küchen
527/528 Aus griechischen Küchen

Freizeit gestalten

501 Wohnen mit Holz
509 Das kann ich selbst: Tapezieren
511 Schöne Batik
514 Töpfern lernen
601 Das kann ich selbst: Kleine Möbel und Einbauten nach Maß
602 Kinderspiele – Kinderspielzeug selbst gemacht
603 Salzteig-Modelle
604 Patchwork und Quilten
605 Malen nach europäischen Volkskunstmotiven
606 Modellieren
607 Malen nach Pflanzenmotiven
608 Praxis des Malens
609 Praxis des Zeichnens
610 Blumenschmuck für schönes Wohnen